Adolf Opderbecke / Hans Issel

Bauformenlehre

Backsteinbau und Werksteinbau

REPRINT – VERLAG
LEIPZIG

Die Deutsche Bibliothek – CIP-Einheitsaufnahme

Ein Titeldatensatz für diese Publikation ist bei
Der Deutschen Bibliothek erhältlich.

© REPRINT-VERLAG-LEIPZIG
Volker Hennig, Goseberg 22-24, 37603 Holzminden
ISBN 3-8262-1512-5

Reprintauflage der Originalausgabe von 1899
nach dem Exemplar des Verlagsarchives

Lektorat: Andreas Bäslack, Leipzig
Einbandgestaltung: Jens Röblitz, Leipzig
Gesamtfertigung: Druckhaus „Thomas Müntzer" GmbH

# DIE
# BAUFORMENLEHRE

UMFASSEND:

## DEN BACKSTEINBAU UND DEN WERKSTEINBAU FÜR MITTEL-ALTERLICHE UND RENAISSANCE-FORMEN

FÜR DEN SCHULGEBRAUCH UND DIE BAUPRAXIS

BEARBEITET

VON

## ADOLF OPDERBECKE
PROFESSOR AN DER BAUGEWERKSCHULE ZU CASSEL

UND

## HANS ISSEL
ARCHITEKT UND KGL. BAUGEWERKSCHULLEHRER ZU CASSEL

MIT 675 TEXTABBILDUNGEN UND 10 TAFELN

LEIPZIG 1899
VERLAG VON BERNH. FRIEDR. VOIGT.

# Vorwort.

Die „Bauformenlehre" bildet im allgemeinen in dem Unterrichtsplane an Baugewerkschulen ein vielumstrittenes Lehrfach. Die Verfasser sind deshalb bei der Bearbeitung des vorliegenden Handbuches ihren eigenen Weg gegangen, so, wie sie ihn beim Unterrichten seit vielen Jahren mit Erfolg beschritten haben. Eine feste Grenze zu ziehen für die Betrachtung dieses Lehrstoffes ist aber sehr schwer, denn eine solche wird immer von der Begabung des einzelnen Schülers abhängen. Immerhin waren die Verfasser bemüht, der Durchschnittsbegabung Rechnung zu tragen und vor allen Dingen die Form durch die Vorführung der zugehörigen Konstruktion zu erläutern.

Die Säulenordnungen sind hier nicht aufgeführt, da sie für die bürgerliche Baukunst, die wir allein hier im Auge haben, ohne Bedeutung sind; ebenso ist das ornamentale Beiwerk, als den Rahmen dieses Lehrbuches überschreitend, ausser Betrachtung geblieben.

Der Text wurde so knapp und so sorgsam als möglich zusammengestellt, so dass wir, mit Hülfe der von der Verlagsbuchhandlung in anerkennenswerter Weise hergestellten Textabbildungen, dem studierenden Bautechniker ein Buch in die Hand geben, das bei aufmerksamer Betrachtung in der Schule sowohl als auch beim häuslichen Studium seinen fördernden Zweck nicht verfehlen dürfte.

Cassel, Januar 1899.

Die Verfasser.

# Inhaltsverzeichnis.

# III. Abschnitt.

# Der Werksteinbau in Renaissanceformen.

# I. Abschnitt.

# Der Backsteinbau.

Verfasser: Prof. Adolf Opderbecke.

———

Die Verwendung des Backsteines erstreckte sich ursprünglich auf eine massenhafte Anhäufung, während seine Verwendung zu Kunstbauten nur sehr langsam Eingang und Fortentwickelung fand. Seine Form ist zunächst immer die eines rechtwinkeligen vierseitigen Prismas.

Der ersten grösseren Anwendung begegnen wir bei den Aegyptern; die Hellenen benutzten ihn nur in geringem Masse und erst bei den Römern gelangte er wieder zu höherer Geltung. Hier sehen wir zum erstenmal Steine zur Anwendung gebracht, welche von der seither rechteckigen Form abweichen und welche bei quadratischer oder sechsseitiger Form meist über Eck stehend angeordnet wurden. Auch Formsteine von mehr oder weniger reicher Profilierung kannten die Römer bereits und auf welcher Höhe damals die Ziegeltechnik schon stand, bezeugen uns die bedeutenden Dimensionen der Steine — bis 42 cm Länge bei nur geringer Höhe — an vielen Bauten aus der Römerzeit und der Umstand, dass diese keine Spur von Krümmung aufweisen. Unter den Byzanthinern erfuhr dann der Ziegelbau eine besonders sorgsame Pflege und wir beobachten jetzt schon selbständige Formen, welche wenig an die der Antike erinnern. Von hier aus wird der Backsteinbau weiter übertragen auf andere Völker, namentlich nach Ober-Italien und im Mittelalter sehen wir ihn endlich in unserer nordischen Tiefebene, besonders zwischen Brandenburg und Hannover, von hier nordwärts über Lüneburg bis Bremen, entlang der Nord- und Ostsee, vor allem in Lübeck, in ganz Mecklenburg, in Stralsund und Stettin bis nach Königsberg und von dort über Berlin bis Magdeburg heimisch werden. Es darf uns diese Uebertragung aus den südlichen Ländern mit Uebergehung Süddeutschlands direkt nach unserem Norden um deswillen nicht wunder nehmen, weil diese, im Gegensatz zu Süddeutschland, an natürlichen Bausteinen arme Gegend die für die Ziegelbereitung erforderlichen Rohstoffe, Lehm oder fetten Flussschlamm, in grossen Mengen zur Verfügung hat.

In der letzten Hälfte unseres Jahrhunderts hat der Bau mit gebrannten Steinen einen bedeutenden Aufschwung genommen und es wurden die Ziegeleitechniker gezwungen, Mittel und Wege zur vereinfachten und schnelleren Herstellung der Steine zu ersinnen, um den durch die massenweise Verwendung des Ziegelsteines hervorgerufenen höheren Anforderungen genügen zu können.

Auch mussten dieselben bemüht sein, den Steinen ein besseres Aussehen, gleichmässige Färbung und vor allem eine gleiche und scharfbegrenzte Form zu geben.

Den ersten Anstoss zu dieser Wiederbelebung des Backsteinbaues gab Schinkel durch die ausschliessliche Verwendung gebrannter Steine beim Bau der Bau-Akademie, des Werder'schen und des Feilner'schen Hauses in Berlin.

Seitdem ist in Berlin eine grosse Zahl Kirchen und anderer öffentlicher Gebäude, sowie eine kaum zu übersehende Zahl von Privatbauten, besonders industrielle Etablissements, als Ziegelrohbau zur Ausführung gelangt.

In Hannover war es in erster Linie der Altmeister Hase, in Cassel der geniale, leider zu früh verstorbene Ungewitter, welche die Wiederaufnahme des Backsteinbaues kräftig zu fördern suchten. Aber auch andere, wie Adler durch die Veröffentlichung der vorzüglichen Aufnahmen unserer mittelalterlichen Bauwerke, trugen kräftig zur weiteren Förderung und Neubelebung des Rohbaues bei.

Manche Anfeindungen hat der Backsteinbau über sich ergehen lassen müssen; heute ist die Ueberzeugung von seiner Gleichberechtigung mit anderen Bauweisen wohl überall durchgedrungen.

Bei Einführung von Maschinen in die Ziegeleibetriebe glaubte man die Fabrikation zu fördern, die Güte der Steine zu heben, indem man den Thon so konsistent wie nur immer möglich durch die Ziegelpresse gehen liess. Die Steine erhielten wohl ein schöneres Aussehen als die bis dahin üblichen Handsteine, besassen aber nur zu häufig nicht die gleichmässige Spannung und das dichte Gefüge, den die nassere Verarbeitung mit der Hand ihnen früher gegeben hatte. Den Mangel dieser Herstellungsweise können wir an einer grossen Zahl von Bauwerken beobachten, welche mit solchen Steinen verblendet sind. Erst mit Einführung des Hohl- oder Lochsteines sind die Blendziegel wieder zu einer vollkommeneren Bearbeitung gelangt. Die Fabrikation derselben erfordert ganz besonders gute und gut verarbeitete Rohstoffe, ausserdem aber eine Vermehrung des Wasserzusatzes. Durch das verengte Mundstück der Ziegelpresse wird eine grössere und gleichmässigere Dichtigkeit der Steine und infolgedessen auch ein besseres und gleichmässigeres Durchbrennen der Steine erzielt. Wesentlich gefördert wurde in den letzten Jahrhunderten die Verwendung des Backsteines durch die Einführung der schön und gleichmässig geformten und fest gebrannten Blendsteine aus den lausitzer und schlesischen — besonders den Siegersdorfer — Ziegelwerken, welche solche in den verschiedensten Färbungen auf den Markt brachten und namentlich auch wieder den Glasuren zu Ansehen verhalfen. Letztere, im Mittelalter vorzugsweise als konstruktives Schutzmittel für der Witterung in besonders hohem Masse ausgesetzte Bauteile verwendet, hat heute insofern eine viel grössere Bedeutung erlangt, als ihre Verwendung in erster Linie auf das Erkennen ihrer dekorativen Wirkung zurückzuführen ist. Die Glasur nimmt in der Backsteinarchitektur gewissermassen die Stelle ein, welche dem Golde in der malerischen Dekoration zugeteilt ist; sie belebt das Bild, sie trennt die Farbe und erhält diese frisch.

Viel Streit ist unter den Fachgenossen entbrannt über die Verwendung der Terrakotten beim Ziegelrohbau etc. Während die einen alle ornamentalen Teile, ja selbst die Gesimsstücke, die diese stützenden Konsolen, die bekrönenden und frei endigenden Bauteile u. s. w. aus möglichst grossen Werkstücken gebrannt verlangten, bekämpften andere dieses Streben aufs heftigste und wollten nur dem gewöhnlichen Steinformate die Berechtigung zur Verwendung beim reinen Backsteinbau zugestehen. Im allgemeinen dürfte als richtig gelten, jedes Bauglied aus Terrakotten so zu gestalten, dass die Platten oder Steine — gleichviel in welcher Grösse — natürliche Abschnitte des Ornamentes bilden, in welchem die Fugen als notwendige Trennungslinien wirken.

Schon in früher Zeit scheint diese Auffassung befolgt worden zu sein, da wir sowohl an unseren nordischen Bauwerken des Mittelalters als an solchen aus der Renaissancezeit Oberitaliens nur verhältnismässig wenige sogenannte frei fortlaufende Ornamente beobachten, in welchen allerdings die Fugen immer stören.

Wenn nun in der Antike und Renaissance dem einzelnen Profile und seiner richtigen, sinngemässen Anwendung eine nicht unbedeutende Rolle für die Wirkung der Bauformen zugemessen werden muss, ist dies beim Backsteinbau viel weniger der Fall und die Hauptsache ist und bleibt hier für den Entwerfenden die Bewältigung, Gruppierung und Gliederung der architektonischen Massen, und wer hierin Gutes leistet, braucht sich nicht zu arge Skrupel zu machen, wenn er einmal ein stilistisch nicht völlig passendes Profil verwendet.

Vor der Verwendung lasse man die Steine, sofern die Beschaffenheit derselben durch langjährigen guten Ruf der Fabrik, welche diese lieferte, nicht zur Genüge bekannt ist, darauf untersuchen, ob sie Natron, Kali, Magnesia, organische Stoffe oder Schwefel enthalten. Diese Stoffe bilden in erster Linie den Boden, auf dem die spätere Zerstörung Nahrung findet. Die noch notwendigen Stoffe, um mit diesen an und für sich ja unschuldigen Stoffen schädliche hygroskopische Salze zu bilden, werden von aussen her, durch den Erdboden, die Luft, das Wasser oder die Umgebung der Steine hinzugeführt. — Wenn in dieser Weise konsequent seitens der Bauleitungen vorgegangen wird, so wird die Ziegel-Industrie auf Mittel sinnen müssen, um ihre Erzeugnisse auch nach dieser Seite zu verbessern, um einen Ziegelstein zu liefern, in dem schädliche Salze überhaupt nicht mehr vorkommen.

Wie viel in dieser Beziehung noch gesündigt wird, können wir leicht beobachten, wenn wir mit Aufmerksamkeit unsere zahlreichen Ziegelrohbauten, namentlich im Frühjahre betrachten. Wer die traurigen, vielfach ja wahrnehmbaren Wirkungen sich vergegenwärtigt, den muss es schmerzen, dass oft so viele Mittel für ein bestechendes Aeussere verschwendet wurden, während der Kern doch krank ist.

So mannigfaltig die Formen des Backsteinbaues auch sein können, so ist der Techniker doch immer an den vorliegenden Baustoff und an die Masse des Steines gebunden und er hat damit zu rechnen, die ihm hierdurch gewordenen Beschränkungen zu überwinden, sowie die Regeln des Steinverbandes genau zu beachten, deren Nichtbeachtung höchst bedenkliche Folgen nach sich ziehen können.

Gegenüber den Hintermauerungssteinen, für welche durch Vereinbarung zwischen Architekten und Ziegeleitechnikern die Normalgrösse von 250 mm Länge, 120 mm Breite und 65 mm Höhe festgesetzt worden ist, sollen die $^4/_4$ Verblendsteine die Masse von $252 \times 122 \times 69$ mm aufweisen. Abweichungen bis zu 1 mm mehr oder weniger sind zulässig.

Die Verblendung mit $^4/_4$ Steinen wäre nun die natürlichste und bequemste, da man dann auf der Baustelle, abgesehen von Profilsteinen, nur einer Sorte Steine bedürfte. Da jedoch der Versand solcher Steine auf grössere Entfernungen bedeutende Kosten verursacht, auch zu denselben verhältnismässig viel Material erforderlich ist, so gingen die grösseren Ziegeleien schon bald dazu über, zur Flächenverblendung $^1/_4$ und $^1/_2$ Lochsteine, also möglichst leichte Steine für die Verschickung in entferntere Gegenden herzustellen.

Die gebräuchlichsten Verblendsteine sind:

## Fig. 1.

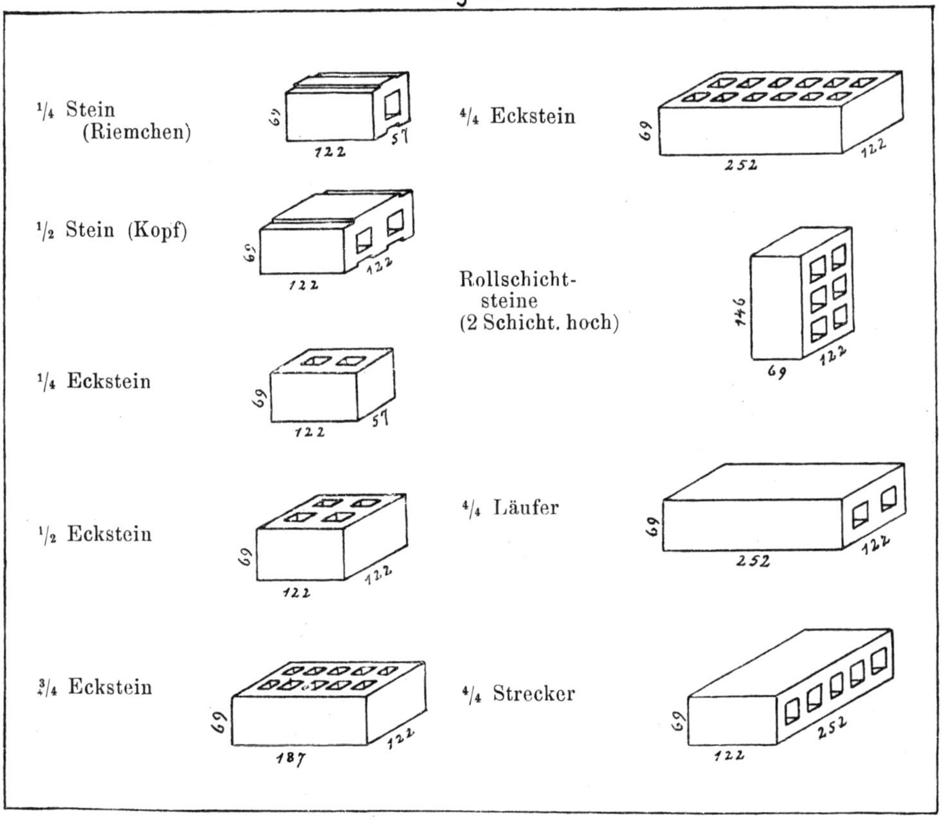

Der für die Verblendung mit $^4/_4$ Steinen gebräuchlichste und beste Verband ist der Kreuzverband, während bei Verwendung von Riemchen und Köpfen nur der Kopfverband in Frage kommt. Bei der Verblendung mit Riemchen und Köpfen kann man diese in den eigentlichen Mauerkörper einbinden lassen, oder man verstärkt letzteren um die Riemchenstärke, legt also die Verblendung vor die Mauerfläche. Der ersteren Methode wird man bei stärkeren Mauern, der zweiten bei verhältnismässig schwachen Mauern den Vorzug geben müssen. In Fig. 2 sind einige Beispiele für die Verblendung 1 Stein starker und 1½ Stein starker Mauern gegeben.

### Fig. 2.

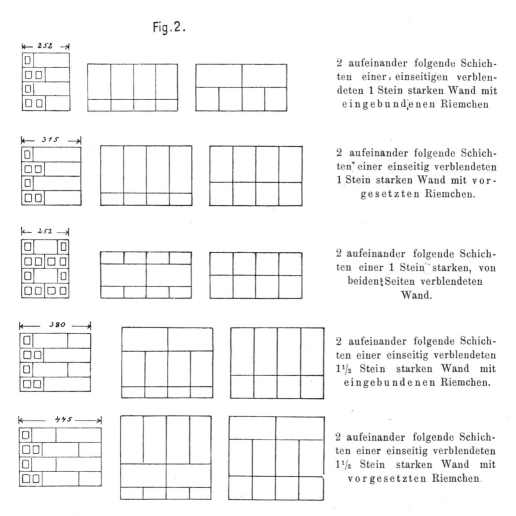

2 aufeinander folgende Schichten einer einseitigen verblendeten 1 Stein starken Wand mit eingebundenen Riemchen

2 aufeinander folgende Schichten einer einseitig verblendeten 1 Stein starken Wand mit vorgesetzten Riemchen.

2 aufeinander folgende Schichten einer 1 Stein starken, von beiden Seiten verblendeten Wand.

2 aufeinander folgende Schichten einer einseitig verblendeten 1½ Stein starken Wand mit eingebundenen Riemchen.

2 aufeinander folgende Schichten einer einseitig verblendeten 1½ Stein starken Wand mit vorgesetzten Riemchen.

Als Fugenstärke rechnet man beim Verblendbau meist 8 mm, also einen Kopf + Fuge = 130 mm und eine Schicht + Fuge = 77 mm, oder der Einfachheit halber auf jedes Meter Höhe 13 Schichten. Damit die Stossfugen gleicher Schichten genau lotrecht übereinander zu liegen kommen, ist erforderlich, alle Längenmasse genau nach Kopflängen festzustellen. Man kann sich hierfür der drei Formeln $x \cdot 13 - 1$, $x \cdot 13$ und $x \cdot 13 + 1$ bedienen, je nachdem man das Längenmass zwischen zwei ausspringenden Ecken, oder zwischen einer ausspringenden und einer einspringenden Ecke, oder endlich zwischen zwei einspringenden Ecken ermitteln will. Aus Fig. 3 ist die Anwendung dieser Formeln auf die verschiedenen vorkommenden Fälle leicht zu ersehen. In denselben bedeutet x die jeweilige Kopfzahl, die Zahl 13 das Kopfmass + Fuge in Zentimetern ausgedrückt.

Wenn nun mit den Steinen einfach rechteckigen Formates sich selbst reichere Fassaden ausbilden lassen, so stellen sich doch immer, namentlich bei den Ge-

Fig. 3.

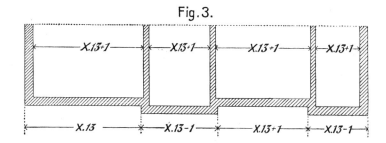

simsen und insbesondere wo diese bei freistehenden Gebäuden um die Ecken herumgeführt werden sollen, Schwierigkeiten heraus und die Lösungen, zu denen man hier gezwungen wird, tragen meist den Stempel des Gesuchten, Gequälten. Von dem Architektenverein zu Berlin und dem Deutschen Vereine für Fabrikation von Ziegeln, Thonwaren, Kalk und Zement sind aus diesem Grunde eine Anzahl sogenannter Normalformsteine festgelegt worden, welche von jeder grösseren Ziegelei auf Lager gehalten oder doch wenigstens angefertigt werden. Neben diesen Normalformsteinen wird natürlich von den leistungsfähigen Ziegeleiwerken jede beliebige andere Form nach Wunsch und Zeichnungen des Bestellers angefertigt, ja es werden von einigen Werken selbst eine grössere Zahl solcher aussernormaler Formsteine auf Lager gehalten.

Die wichtigste Stelle unter den Formsteinen gebührt den Schrägsteinen und den Wassernasensteinen für wagerechte, abdeckende Gliederungen. Zu stützenden Gliedern unter ausladenden Gesimsen sind die Kehlen und die Stäbe (Viertelstäbe, Wulste) zu verwenden. Die gebräuchlichsten Formsteine für senkrechte und bogenförmige Gliederungen (Fenster- und Thüreinfassungen, Pfeiler- und Gebäudeecken) sind die Fasensteine, die Hohlkehlsteine und die Rundstabsteine.

In den Figuren 4, 5, 6 und 7 sind sowohl die Normalformsteine wie auch eine Anzahl aussernormaler Formsteine dargestellt. Die Nummerbezeichnung der Normalformsteine ist die der Siegersdorfer Werke in Schlesien.

Die Verblendsteine (vergl. Fig. 1) erhalten, wenn sie als Riemchen, Kopfsteine, Rollschichtsteine oder ganze Steine Verwendung finden sollen, wagerecht und parallel zu der Sichtfläche verlaufende Hohlräume und zwar im ersteren Falle einen, im zweiten Falle zwei, im dritten Falle sechs und im vierten Falle, je nachdem die Steine als Läufer oder als Binder dienen sollen, zwei beziehungsweise fünf Hohlräume.

Bei den Ecksteinen sind diese Hohlräume zwar auch parallel der Sichtfläche, aber in senkrechter Richtung angeordnet; sie haben also hier die Steindicke zur Höhe und ihre Zahl beträgt bei dem $^1/_4$ Eckstein zwei, bei dem $^1/_2$ Eckstein vier, bei dem $^3/_4$ Eckstein zehn und bei dem $^4/_4$ Eckstein zwölf.

Diese Hohlräume sind nötig, um ein gutes Durchbrennen der Steine zu ermöglichen und um einem Krümmen, Verziehen der Flächen zu begegnen. Dann wird hierdurch aber auch das Gewicht der Steine bedeutend vermindert und somit an Transportkosten nicht unwesentlich gespart.

# 1. Normale Formsteine.

## a) Schrägsteine und Wassernasensteine.

### Fig. 4.

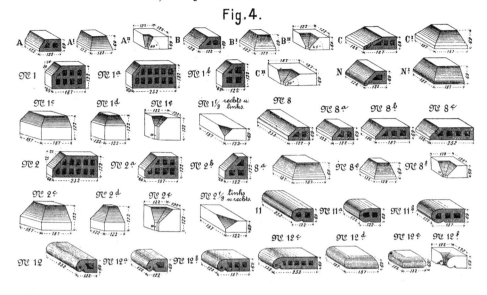

## b) Kehlen und Stäbe.

### Fig. 5.

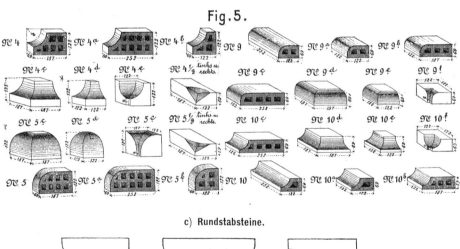

## c) Rundstabsteine.

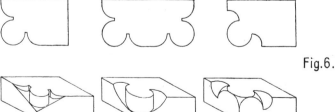

### Fig. 6.

Fasensteine für senkrechte Gliederung sind durch die Figuren 1, 1a, 1b, 1f/g, 2, 2a und 2f/g (Fig. 4), Kehlsteine für senkrechte Gliederung durch die Figuren 4, 4a, 4b, 4f/g und Viertelstabsteine für senkrechte Gliederung durch die Figuren 5, 5a, 5b und 5f/g (Fig. 5) zur Darstellung gebracht.

Fig. 7.

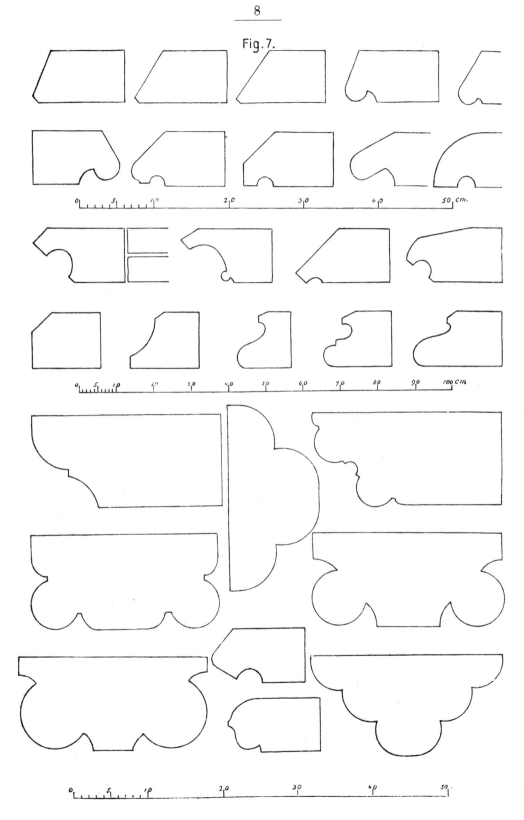

## 2. Aussernormale Formsteine.

Diese sind der Mehrzahl nach dem Musterbuche der Dampfziegelei von H. B. Röhrs in Hannover entnommen (Fig. 7).

Die nachstehenden Abbildungen (Fig. 8) machen uns mit einer Anzahl von

### Sockelgesimsen

bekannt. Stehen nur Steine rechteckigen Formates zur Verfügung, so wird das Vortreten des Sockelmauerwerks gegen das aufgehende Mauerwerk am besten durch geneigt angeordnete, zweckentsprechend zugehauene Steine, welche auf

**Sockelgesimse.**

**Fig. 8.**

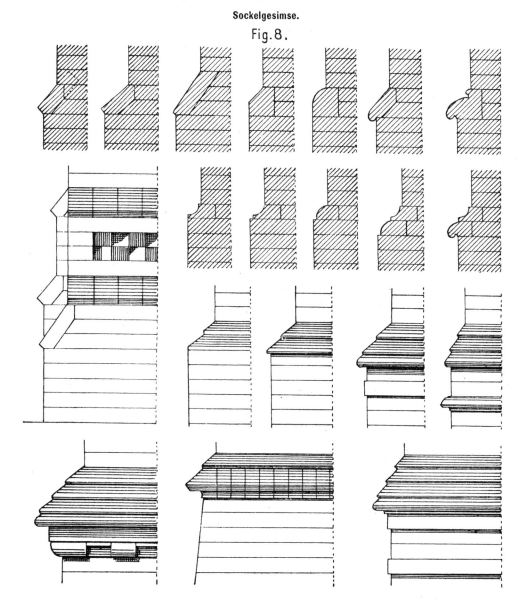

zwei oder mehr Schichten Höhe eingefügt werden, vermittelt. Die Ausladung des Sockels beträgt in der Regel ¼ bis ½ Stein. Sollen derartige Gesimse verkröpft werden, so müssen entweder besondere Ecksteine geformt werden, oder es ist die geneigte Abdeckung an den Gebäudeecken zu unterbrechen. Bei Verwendung von Formsteinen kommen für die Abdeckung namentlich die zwei Schichten hohen Fasensteine, Viertelstabsteine und Wassernasensteine, sowie die eine Schicht hohen Schrägsteine, Hohlkehlsteine und Viertelstabsteine in Betracht.

Zur Bildung der

**Fenstersohlbänke**

finden ausschliesslich die Schrägsteine und die Wassernasensteine Anwendung. Die Neigung der Schrägsteine ist so zu wählen, dass für ½ Stein Ausladung entweder 2, 3, 4, 5, 6 u. s. w. Schichten erforderlich sind. Die Figuren 9 bis 15 geben hierfür den nötigen Anhalt.

**Fensterschrägen.**

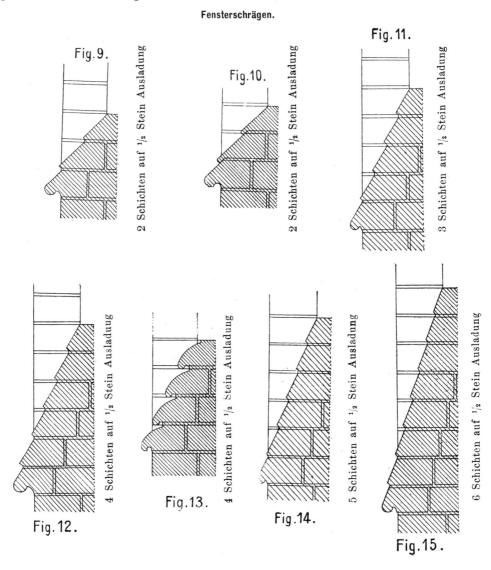

Fig. 9.   2 Schichten auf ½ Stein Ausladung

Fig. 10.   2 Schichten auf ½ Stein Ausladung

Fig. 11.   3 Schichten auf ½ Stein Ausladung

Fig. 12.   4 Schichten auf ½ Stein Ausladung

Fig. 13.   4 Schichten auf ½ Stein Ausladung

Fig. 14.   5 Schichten auf ½ Stein Ausladung

Fig. 15.   6 Schichten auf ½ Stein Ausladung

Die

### Gurtgesimse

haben die Aufgabe zu erfüllen, die Trennung des Bauwerkes der Höhe nach in einzelne Geschosse an dem Aeusseren zum Ausdruck zu bringen. Sie werden mithin folgerichtig in Höhe der Balkenlagen angeordnet. Bei Verwendung von Steinen rechteckigen Formates kann bei Gesimsen mit grösserer Ausladung die Abdeckung durch Dachsteine (Biberschwänze) oder geneigt angeordnete Mauersteine bewirkt werden. Häufig wird die Trennung der Geschosse nur durch eine obere und eine untere um wenige Zentimeter gegen die Mauerfläche vortretende Flachschicht zum Ausdruck gebracht. Die zwei, drei oder mehr Schichten hohe Fläche zwischen diesen Bändern kann durch Stromschichten, sich unter 45 ⁰ kreuzende, in der Fläche liegende Steine oder durch geometrische Musterbildungen mit anders gefärbten Steinen hervorgehoben und belebt werden.

**Gurtgesimse unter Verwendung von Steinen rechteckigen Formates.**

## Fig. 16.

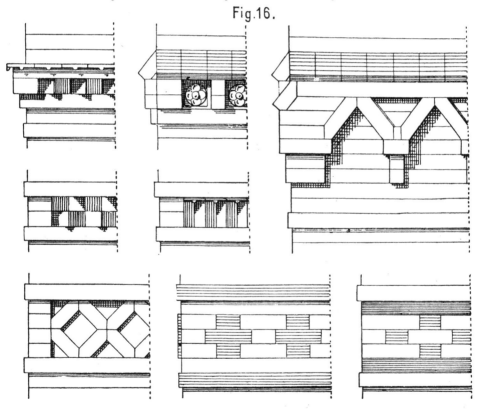

Die Anwendung von Formsteinen lässt naturgemäss weit mannigfaltigere, reichere und wirkungsvollere Bildungen zu. Für die Abdeckungen kommen hierbei lediglich die Schrägsteine und Wassernasensteine, für die stützenden Glieder der Viertelstab, die Kehle, der Bienenkorbfriesstein, ornamentierte Konsolsteine und Bogenfriessteine der mannigfachsten Art (Rundbogenstein, Spitzbogenstein, Dreipassstein u. s. w.) in Betracht. Zu Friesbildungen werden vorteilhaft Dreipass- und Vierpasssteine, sowie ornamentierte Platten verwendet.

**Gurtgesimse unter Verwendung von Formsteinen.**

## Fig. 17.

Formsteine und Terrakotten, welche zur Friesbildung und für die stützenden Gliederungen bei Gurt- und Hauptgesimsen Verwendung finden können (Fig. 18 bis 21).

## Fig. 18.

Ornamentierte 2 Schichten hohe Platten zur Friesbildung.

Fig.19.

Masswerkartig gemusterte 4 Schichten hohe Platten zur Friesbildung.

Fig.20.

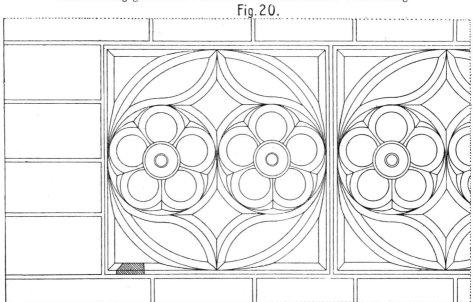

Ornamentierte 4 Schichten hohe Platten zur Friesbildung.

Fig.21.

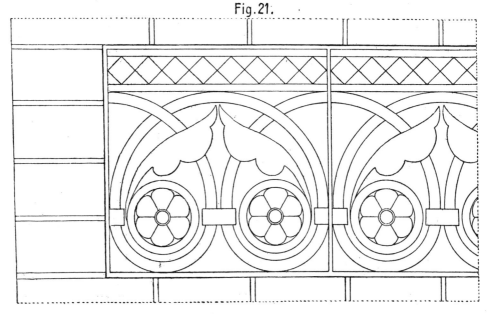

Die

### Haupt- oder Traufgesimse

schliessen die Aussenwand eines Bauwerkes nach oben hin ab. Mit mehr oder weniger grosser Ausladung, welche durch Auskragungen gebildet wird, treten sie vor die Mauerflucht vor und erhalten eine Abdeckung durch geneigt gestellte Steine gewöhnlichen Formates oder durch besonders geformte Schrägsteine. Auf dieser Abdeckung oder auf Konsolen, welche in Abständen von 25 cm bis 50 cm in die Wasserschräge eingefügt sind (siehe Fig. 22, 33, 34 und 36) ruht die Dachrinne, welche das von den Dachflächen abfliessende Regenwasser auffängt und mittels Fallrohren nach dem Erdboden ableitet.

**Hauptgesimse unter Verwendung von Steinen gewöhnlichen Formates (Fig. 22 bis 24).**

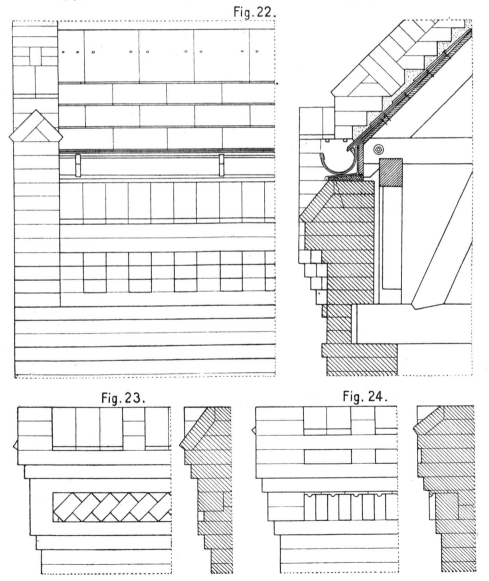

Fig. 22.

Fig. 23.

Fig. 24.

Hauptgesimse unter Verwendung von Formsteinen (Fig. 25 bis 36).

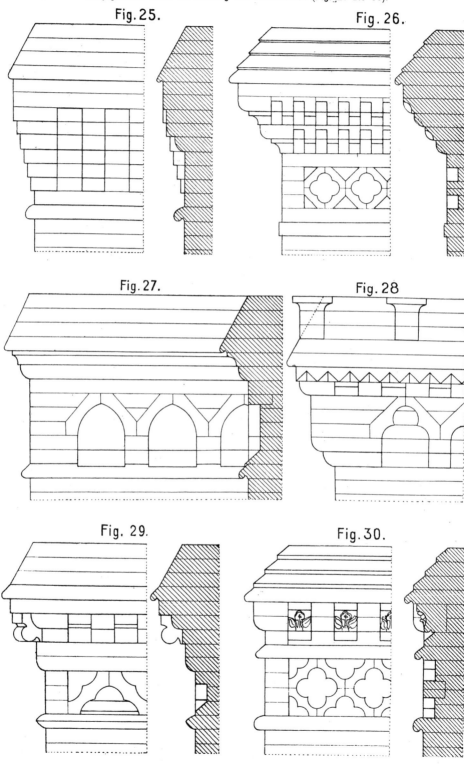

Fig. 25.

Fig. 26.

Fig. 27.

Fig. 28

Fig. 29.

Fig. 30.

Fig. 31.

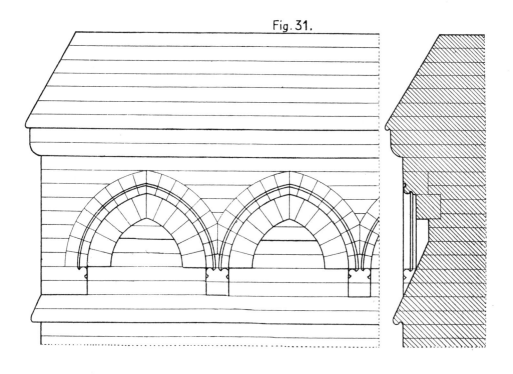

Fig. 32.

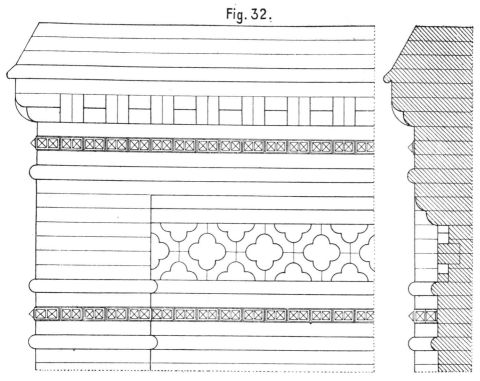

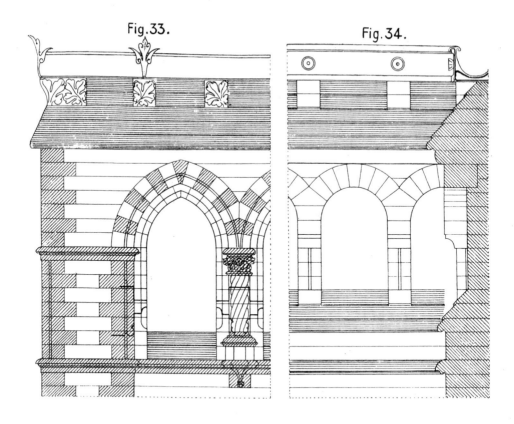

Fig. 33.

Fig. 34.

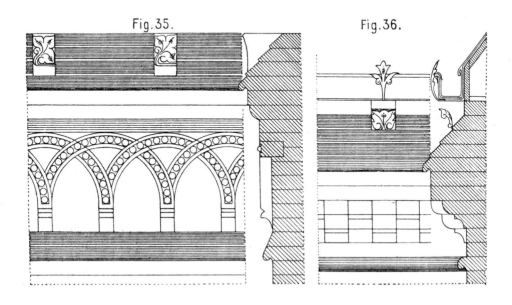

Fig. 35.

Fig. 36.

Fenster, Hauseingänge und Giebelbildungen (Fig. 37 bis 64).

Die Ueberdeckung der Fenster- und Hauseingänge kann geschehen durch den Flachbogen (Fig. 37, 39, 40, 44, 52, 53, 54, 57 und 62), den Rundbogen (Fig. 45, 49, 51 und 59) oder den Spitzbogen (Fig. 38, 43, 46, 48, 50, 58, 62 und 63), bei Oeffnungen geringer Spannweite (bis 40 cm) auch durch horizontale Auskragungen oder durch besonders geformte Decksteine (Dreipasssteine, Rundbogen- oder Spitzbogensteine).

Sowohl die senkrechten Laibungskanten als die bogenförmigen Ueberdeckungen können durch Verwendung von Fasensteinen, Hohlkehlsteinen, Rundstabsteinen, gewundenen oder ornamentierten (siehe Fig. 50) Formsteinen mehr oder weniger reiche Profilierung erhalten.

Je nach den mehr oder weniger grossen Abständen der Fenster untereinander unterscheidet man Einzelfenster und gekuppelte Fenster, sowie Fenstergruppen.

Auf eine gesonderte Besprechung und Darstellung von Fenster- und Eingangs-Bildungen glaube ich hier verzichten zu dürfen, da deren Vorführung in unmittelbarem Zusammenhange mit Giebellösungen und anderen Fassadenteilen für den Lernenden anschaulicher und anregender sein dürfte, denn eine Darstellung in Einzelbildern.

Bei den Hausgiebeln kommt die gerade Dachlinie entweder in einer parallel zu dieser verlaufenden Begrenzungslinie zum Ausdruck, oder es ist diese durch stufenartig angeordnete Abtreppungen (Treppengiebel, Staffelgiebel) verdeckt.

Die Ansteigung ist meist eine steile (fast nie unter 45°) und es wird das Schlanke, Aufstrebende oft noch erhöht durch eine vertikale Gliederung mittels vorgelegter Pfeiler, welche in zierlichen Spitzen endigen und die Dachlinie meist bedeutend überragen.

Die Figuren 37 bis 64 stellen Giebelbildungen dar, welche meist Schülerentwürfen, die unter meiner Leitung entstanden, entnommen sind.

Fig. 37 macht uns mit einem Fassadenteile bekannt, bei welchem der Giebel staffelartig aufsteigt.

Zur Ueberdeckung der Fensteröffnungen hat durchweg der Flachbogen Verwendung gefunden; als Baustoffe sind für die Staffelabdeckungen, die Fensterschrägen und die Gesimsabdeckungen glasierte Schrägsteine, für alle in vertikalen Flächen liegenden Teile gleichartig gefärbte Backsteine vorausgesetzt. Die Nischen zwischen den Konsolen des Hauptgesimses, die Flächen über den gekuppelten Fenstern des Giebels und die Wappenflächen im Giebel sind geputzt gedacht.

In den Figuren 38 und 39 ist ebenfalls ein Staffelgiebel zur Darstellung gebracht und zwar in Fig. 38 die eigentliche Giebelspitze und in Fig. 39 die unteren Stockwerke des Giebels mit vorgekragtem Balkon vor dem ersten Stockwerke.

Die Wasserschrägen sind hier in glasierten, die Fenstereinfassungen abwechselnd in heller und dunkler gefärbten Steinen angenommen. Zur Ueberdeckung der Fensteröffnungen in der Giebelspitze ist der Spitzbogen, in den Stockwerken der Flachbogen verwendet.

2*

Fig. 37.

Fig.38.

Fig.39.

Fig.40.

In Fig. 38 ist oben in der linksseitigen Ecke der vollständige Giebelbau in kleinem Massstabe und einfachen Linien zur Anschauung gebracht.

Fig. 40 stellt einen Hauseingang mit Giebel- (Wimperg) Bekrönung dar. Zu den unter 45° schraffierten Teilen können glasierte (grüne, braune oder schwarze) Steine, zu den übrigen Teilen unglasierte Steine beliebiger Färbung Verwendung finden. Der Gebäudesockel ist hier in Werksteinen angenommen und dürfte dieser Baustoff überall dort dem Backsteine vorzuziehen sein, wo Gebäude unmittelbar an eine Strasse herantreten, also die Gebäudesockel leicht Beschädigungen ausgesetzt sind.

Auch bei Giebeln, welche die Dachlinie durch eine parallel zu dieser gerichtete Begrenzungslinie zum Ausdruck bringen, endigt letztere häufig staffel- oder stufenartig (vergl. Fig. 41 bis 45, 48 und 63), zuweilen auch in einer pfeilerartigen Bekrönung (Fig. 50).

Der Giebelanfang (das Ohr des Giebels) kann in der mannigfaltigsten Weise gebildet sein; immer ist derselbe gegen die Mauerflucht derart vorzukragen, dass das die Dachrinne tragende Dachgesimse sich gegen diese Auskragung totlaufen kann (vergl. Fig. 44, 45, 50, 57 und 63), wenn nicht das Dachgesimse an dem Giebel herumgeführt wird (vergl. Fig. 48).

Die Figuren 41 bis 43 zeigen Giebelendigungen in mehr oder weniger reicher Ausführung. Durch derartige Aufbauten, welche in der mannigfaltigsten Weise gestaltet sein können (siehe auch die Bilder 44 bis 50), wird das den Giebeln mittelalterlicher Bauweise eigene Schlanke und Aufstrebende noch erhöht. Zuweilen erfährt das Schlanke der Giebelendigung noch eine Steigerung durch auf den Aufbau befestigte schmiedeeiserne Bekrönungen (siehe Fig. 41).

Das Starre, Gleichmässige der gerade aufsteigenden Giebelkanten wird häufig gemildert beziehungsweise unterbrochen durch eingefügte Krabbensteine (siehe Fig. 42, 50 und 63).

Fig. 44 zeigt eine Giebelspitze mit oberer stufenartig aufsteigender Endigung. Es dürfte hier eine reiche Wirkung zu erzielen sein durch Verwendung glasierter Steine für die unter 45° schraffierten Teile, von unglasierten Steinen hellerer Färbung für die nicht schraffierten Teile und von Putz in den Nischen der Endigung.

Bei Fig. 45 sind für die obere Abdeckung des Giebelanfanges und der Giebelendigung Hohlziegel mit akroterienartigen Bekrönungen verwendet. Die Verwendung glasierter und verschiedenartig gefärbter Steine ist durch die Darstellung ohne weitere Beschreibung veranschaulicht.

Durch Fig. 46 ist ein treppenartig ansteigender Giebel mit über Eck stehenden qradratischen Pfeilervorlagen veranschaulicht. Durch die Schnittzeichnung A B ist der Mauerverband im Grundrisse klargelegt; zur Belebung der Nischenflächen sind Terrakottenplatten mit Lilienmuster verwendet.

Fig. 47 stellt den oberen Teil eines Giebels mit parallel zur Dachlinie ansteigender Begrenzungslinie und gegen die Mauerflucht um $1/2$ Stein vortretenden $1^{1}/_{2}$ Stein breiten Pfeilervorlagen dar. Durch die Verwendung glasierter Steine für die Wasserschrägen und heller und dunkler gefärbten Steinen nach Massgabe der ohne Schraffur belassenen, beziehungsweise der durch Schraffur hervorgehobenen Steine und endlich durch weissen oder hell getönten Putz in den Nischenflächen, dürfte eine sehr reiche, farbenprächtige Wirkung erzielt werden.

Fig.41.

Fig.42.

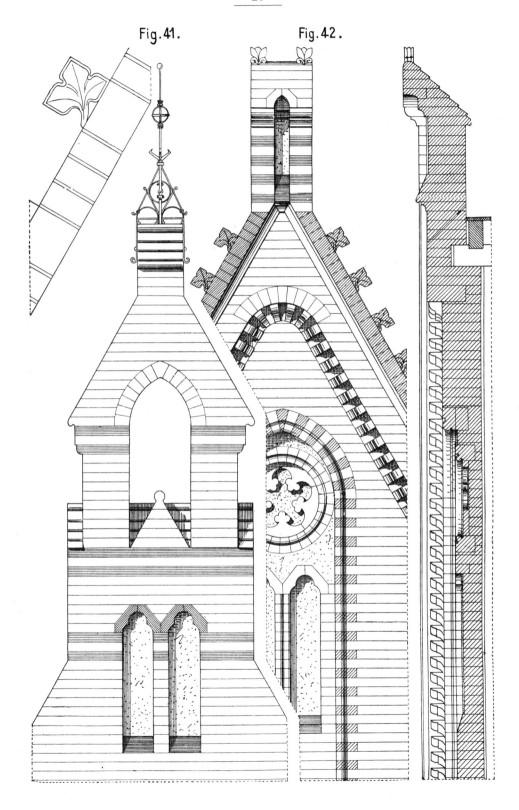

Fig.43.

Schnitt a-b.

Fig. 44.

Schnitt a-b.

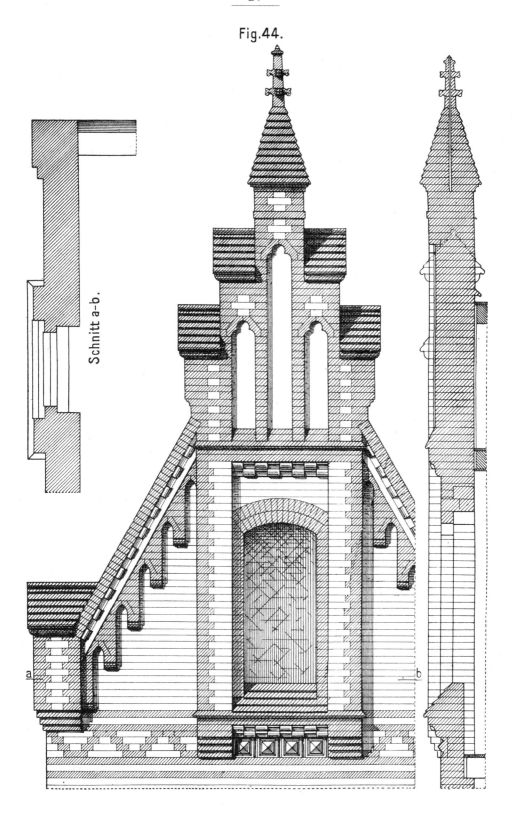

# Fig.45.

Fig. 46.

Schnitt A-B.

A

B

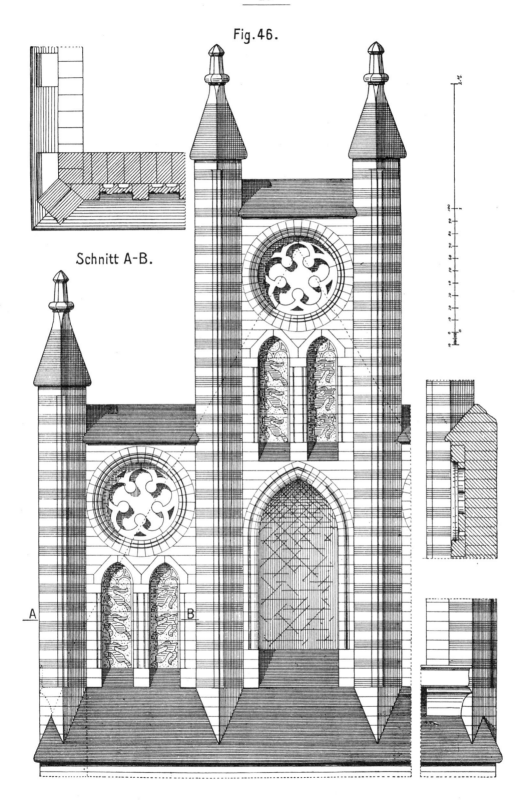

Fig. 47.

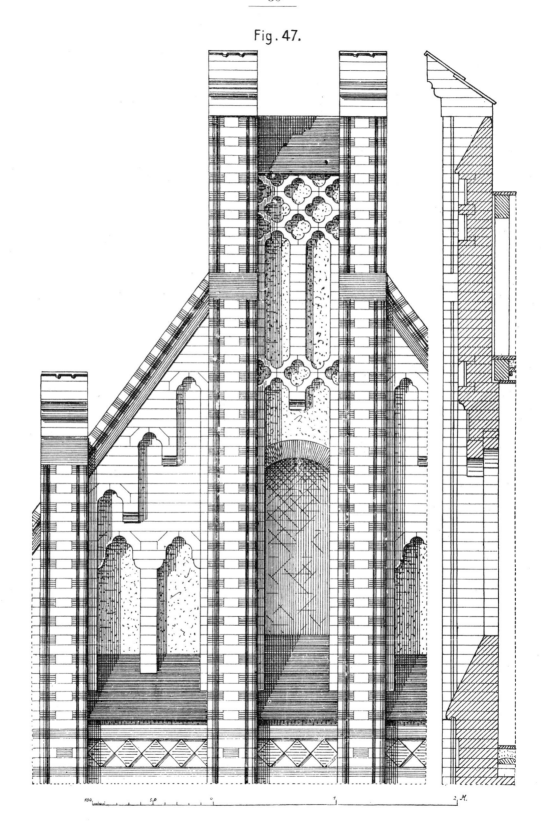

Fig. 48 zeigt insofern eine Abweichung von der üblichen Konstruktion, als hier das Dachgesimse der Traufseiten an der Giebelwand herumgeführt ist.

Die Ueberdeckung der Fenster mit Spitzbögen und namentlich das Zusammenfassen des mittleren Fensters mit den oberen Dachbodenfenstern in eine mit Spitzbogen überdeckte Nische lässt den Giebel in Gemeinschaft mit den steil ansteigenden Abdeckungslinien leicht und schlank erscheinen. Die Rosette oberhalb der Dachbodenfenster ist in grösserem Massstabe oben links, der Höhenschnitt durch den oberen Teil des Giebels oben rechts dargestellt.

Fig. 49 veranschaulicht einen Giebel, welcher durch über Eck stehende, in schlanker Spitze endigende Pfeiler in fünf schmale Mauerstreifen aufgelöst ist. Der Giebel erhält infolgedessen ein überaus schlankes, zierliches und reiches Aussehen. Erhöht wird letzteres noch durch die Verwendung glasierter und verschiedenartig gefärbter Steine, sowie durch die Anordnung der reich gestalteten Rosetten in den Feldern zwischen den Pfeilern. Form und Konstruktion dieser Rosetten ist durch die grössere Darstellung in der oberen linksseitigen Ecke klargelegt.

Der durch Fig. 50 dargestellte, mit geradliniger Abdeckung ansteigende Giebel wirkt besonders reich durch das die Dachlinie kennzeichnende Konsolengesimse, sowie durch die eigenartige Anordnung verschieden gefärbter Steine.

Die in die Giebelabdeckung eingefügten Krabbensteine, die Einfassungssteine der unteren Fenster und die Giebelendigung sind in grösserem Massstabe als Teilzeichnungen oben linksseitig, beziehungsweise rechtsseitig, dargestellt.

Durch die Figuren 51 bis 54 ist ein Gebäudegiebel wiedergegeben, bei welchem aus dem Zusammenwirken von glasierten Ziegeln für die Wasserschrägen, verschieden gefärbten Ziegeln für die Pfeiler-, Fenster- und Nischeneinfassungen mit dazwischen liegenden hell getönten Putzflächen eine lebendige, farbenprächtige und reiche Wirkung erreicht sein dürfte.

Fig. 51 zeigt links oben in kleinem Massstabe die Gesamtansicht des Giebels mit anschliessendem Seitenbau, rechts unten den oberen Teil des Giebels.

In Fig. 52 ist der untere Teil des Giebels und der obere Teil des I. Stockwerkes, in Fig. 53 der daran schliessende untere Teil des I. Stockwerkes und das Erdgeschoss und in Fig. 54 endlich der Gebäudesockel nebst Horizontalschnitten durch den Giebel in verschiedenen Höhenlagen zur Anschauung gebracht.

Die Figuren 55 bis 57 stellen ebenfalls einen Gebäudegiebel dar, welcher auf Fig. 56 durch die Gesamtansicht und Teilzeichnungen des Gebäudesockels und des Gurtgesimses, auf Fig. 55 durch die Teilzeichnung der Giebelendigung in Vorder- und Seitenansicht, sowie Höhenschnitt und auf Fig. 57 durch die Teilzeichnung des Giebelanfanges näher erläutert ist.

Der an und für sich einfache und schlichte Aufbau des Giebels wird durch geschickte Verwendung von Steinen verschiedener Färbung Belebung und Reichtum erhalten können.

Eine Giebellösung mit ausgesprochen vertikaler Teilung durch vorgelegte über Eck gestellte quadratische Pfeiler zeigen die Figuren 58 bis 60.

Die Gesamtansicht in kleinem Massstabe und einfachen Linien findet sich auf Fig. 58 in der oberen linksseitigen Ecke, während die Teilzeichnung den oberen Teil des Giebels im Aufrisse und Höhenschnitt veranschaulicht. Die obere Endigung der Pfeiler ist hier in Werkstein gedacht.

Fig. 48.

Fig. 49.

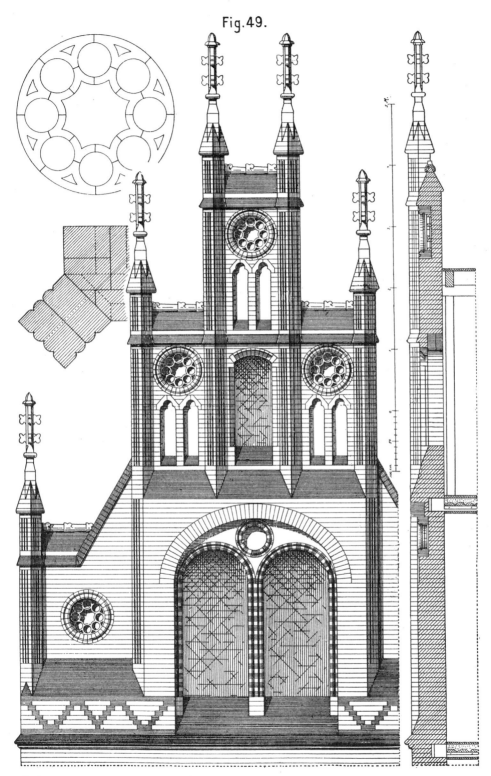

# Fig.50.

Fig. 51.

Fig.52.

Fig. 53.

Fig. 54.

E           F

Schnitt A–B (Fig. 52.)

Schnitt C–D (Fig. 53.)

Schnitt E–F (Fig. 54.)

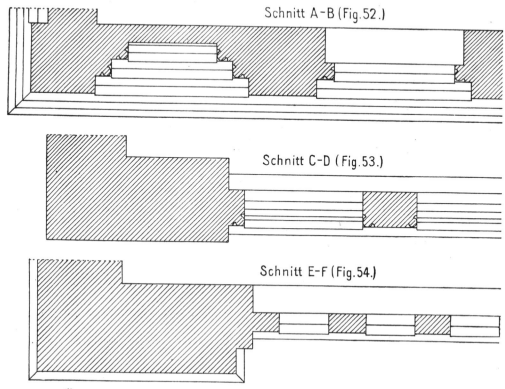

100         50         1                   1         2 M.

Fig. 55.

100    50    0    1    2 M.

# Fig. 56.

Fig. 57.

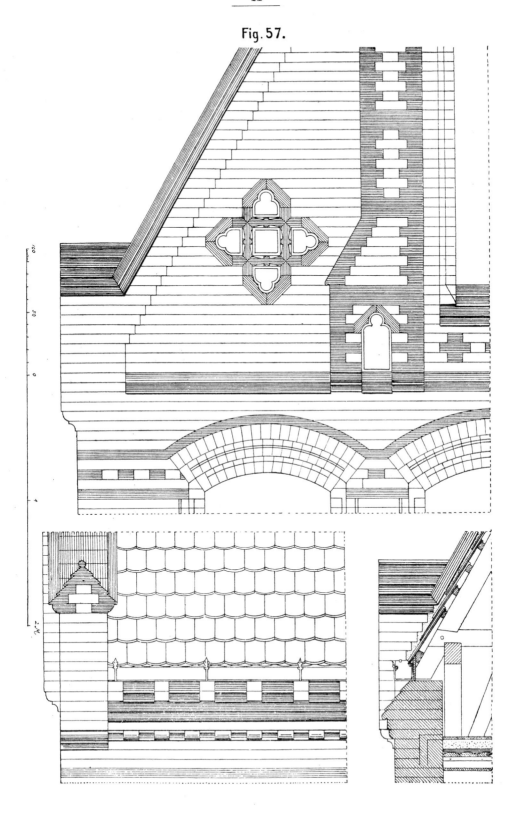

Fig. 58.

Fig. 59 zeigt den unteren Teil des Giebels und das Erdgeschoss im Aufriss und Höhenschnitt.

Durch Fig. 60 ist bei A das Sockelgeschoss in Aufriss und Höhenschnitt, bei B der Fensterpfosten im Erdgeschosse in isometrischer Darstellung, bei C der Grundriss in Höhe a—b (vergl. Fig. 59) und bei E die Seitenansicht gegen den Eckpfeiler zur Darstellung gebracht.

Die Behandlung mit verschiedenartig gefärbten Steinen geht aus den Teilzeichnungen ohne weiteres klar hervor.

Eine ähnliche Giebellösung geben die Figuren 61 und 62, da auch hier eine Teilung des Giebelfeldes durch senkrechte Pfeiler angenommen ist. Die Stangen der schmiedeeisernen Pfeilerbekrönung sind möglichst tief in das Mauerwerk der über die Giebellinie vortretenden Pfeiler einzulassen, um den einzelnen Schichten eine innige Verbindung zu geben.

Fig. 61 zeigt den oberen Teil und das II. Stockwerk des Giebelbaues mit anschliessendem Seitenbau, Fig. 62 das Erdgeschoss und I. Stockwerk, sowie Horizontalschnitte durch die Frontwand des Erdgeschosses und des I. Stockwerkes. Der mit Spitzbögen überdeckte Hauseingang befindet sich im Giebelbau; im Erdgeschosse des Seitenbaues sind Schaufenster für Verkaufsläden angeordnet.

Bild 63 veranschaulicht einen Giebelbau in Gesamtansicht und Teilzeichnung des Giebelfeldes in Verbindung mit dem II. Stockwerke.

Durch mehr oder weniger kräftige Schraffierung ist die beabsichtigte verschiedenartige Färbung der Steine angedeutet, welche natürlich eine sehr abweichende sein kann. Um einen der vielen möglichen Fälle herauszugreifen, sei vorgeschlagen, für die hell belassenen Schichten lederfarbene Steine, für die hell schraffierten Schichten rote Steine und für die dunkler schraffierten Schichten grüne oder braune glasierte Steine zu verwenden. Die nicht durch Teilzeichnungen wiedergegebenen unteren Stockwerke müssen selbstverständlich eine der oberen analoge Behandlung erfahren, doch dürfte sich empfehlen, je weiter nach unten um so mehr dunkle Färbungen überwiegen zu lassen, um dem Giebelbau nach oben ein lichteres und damit ein leichteres Aussehen zu geben.

In Fig. 64 ist ein Staffelgiebel mit mittlerem Pfeileraufbau dargestellt. Die Wasserschrägen sind in grünen oder braunen glasierten Steinen, alle übrigen Teile in roten Steinen gedacht; die weiss belassenen Nischenflächen sollen licht gefärbten Putzbewurf erhalten.

Durch Fig. 65 ist ein vor die Frontwand vorgekragter Erkerausbau und durch Fig. 66 ein Dachfenstergiebel veranschaulicht, welcher das Hauptgesimse durchschneidet.

Fig. 67 stellt wiederum einen Erkerausbau dar, welcher nach oben in einen Balkon endigt. Die unter 45° schraffierten Wasserschrägen sind hier von glasierten Steinen, alle übrigen Teile von roten oder gelben Steinen gedacht.

Durch Fig. 68 wird ein Dachfenstergiebel wiedergegeben, welcher auf konsolenartigen Auskragungen, die durch kleeblattförmige Bögen miteinander verbunden sind, aufruht. Das etwa 1,20 m hohe, an den Giebelbau zu beiden Seiten herantretende Hauptgesimse wirkt durch die Auflösung des Frieses in Dreipass- und Vierpassnischen besonders pikant und reich. Die Dachrinne ruht hier auf kleinen Pfeilerchen, welche kragsteinartig aus der Wasserschräge heraus-

Fig. 59.

Fig. 60.

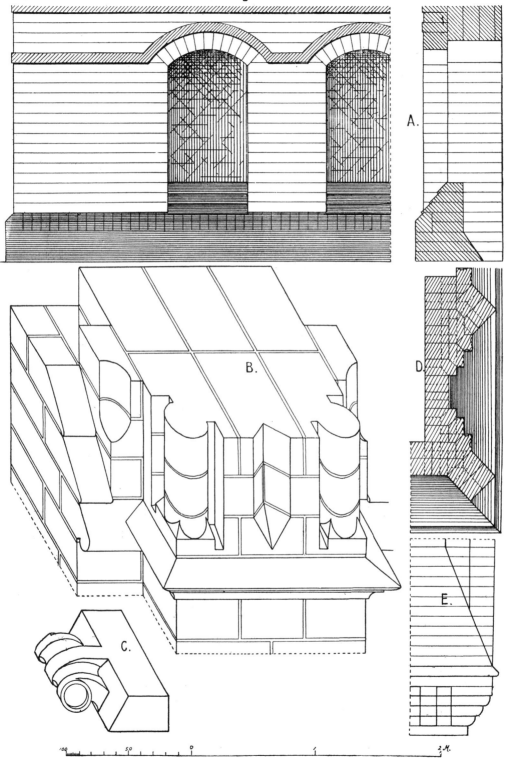

Fig. 61.

Fig. 62.

Fig. 63.

Fig.64.

Fig.65.

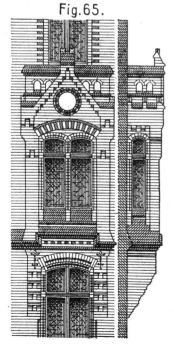

Fig.66.

treten. Die verschiedenartige Färbung der Steine
dürfte durch die Art der Schraffierung zur Genüge
gekennzeichnet sein.

Das durch Fig. 69 dargestellte Dachfenster tritt
aus der steilen Wasserschräge des Hauptgesimses
heraus; das letztere kann mithin, entgegen den
durch die Fig. 66 und 68 vorgeführten Fällen, vor
dem Dachfenster durchgeführt werden. Der reiche,
aus Bogensteinen gebildete Fries mit den darunter
auf Konsolen aufruhenden Flachbögen wird eine
ganz besonders gute und reiche Wirkung abgeben.

Dem Lernenden sei angeraten, eine farbige Darstellung dieses Bildes etwa in der Weise zu ver-
suchen, dass er für alle nicht schraffierten Steine
gelbrötliche (lederfarbene) Steine, für die Wasserschrägen braune glasierte, für alle übrigen schraffierten Teile grüne glasierte Steine und für die
Zwickelflächen über den Fenstern des Obergeschosses
hellgefärbten Putz wählt.

Fig.67.

Fig. 68.

Fig. 69.

Fig. 70.

Fig. 71.

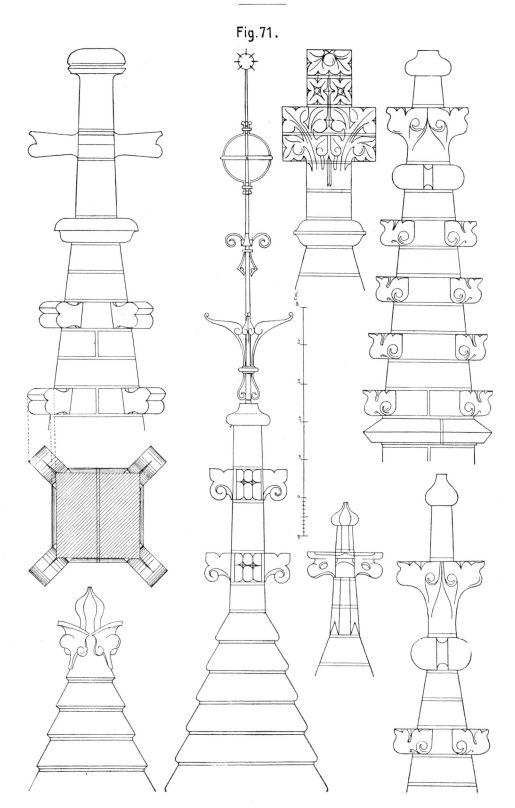

# Fig. 72.

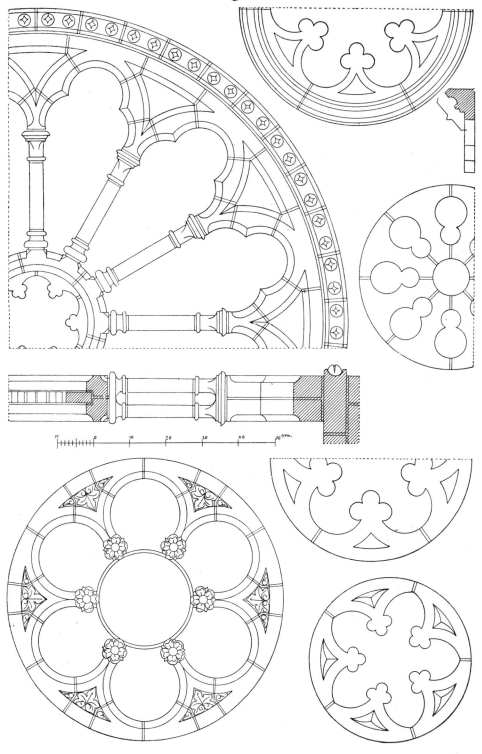

# Fig.73.

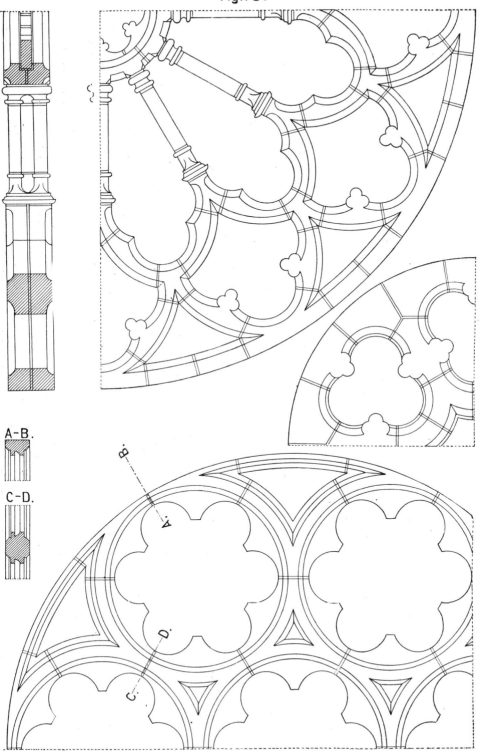

A-B.

C-D.

Fig. 74.

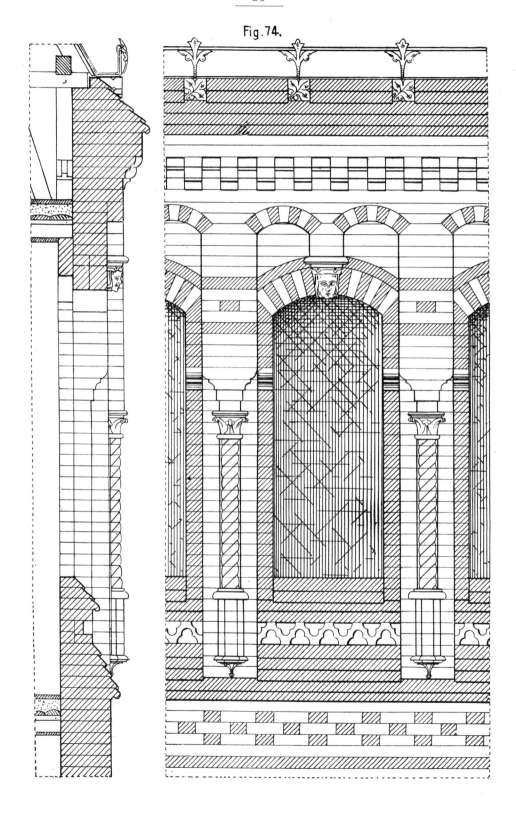

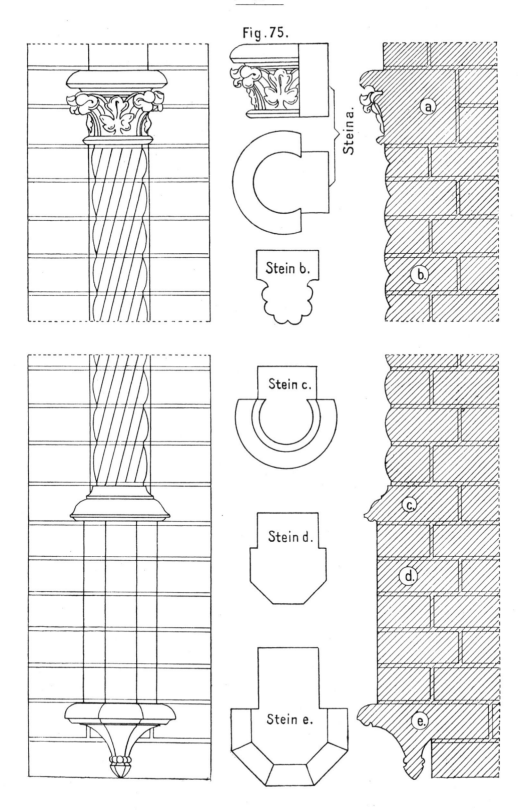

Fig. 75.

Stein a.

Stein b.

Stein c.

Stein d.

Stein e.

a.

b.

c.

d.

e.

Viel häufiger wie die auf Seite 49 und 51 veranschaulichten Dachfenster mit massiven Frontwänden kommen solche in Holzkonstruktion vor. Dieselben treten dann gewöhnlich so weit gegen die Gebäudewand zurück, dass vor denselben die Dachrinne durchgeführt werden kann und somit das meist immer störend wirkende Herabführen vieler Abfallröhren vermieden wird.

Die Figuren 70 und 71 geben Beispiele von Pfeiler- und Giebelendigungen, welche zum grösseren Teile von der bekannten Firma H. B. Röhrs in Hannover auf Lager gehalten werden.

Um diesen Endigungen genügenden Halt zu geben, sind dieselben in geeigneter Weise mit dem Mauerkörper der Pfeiler beziehungsweise der Giebel zu verankern, wobei die Ankereisen, wie bei dem mittleren Bilde der Fig. 71, über die Mauerendigung hervorragen und mit Blättern, Ranken u. dgl. m. verziert werden können, oder durch den obersten Stein überdeckt sind.

Eine grössere Zahl von Rosetten und Radfenstern (von 45 bis 210 cm Durchmesser) ist durch die Figuren 72 und 73 gegeben. Dieselben sind ebenfalls von Röhrs-Hannover in beliebig gewünschter Färbung, mit oder ohne Glasur, zu beziehen, werden natürlich auch von jeder anderen leistungsfähigen Ziegelei nach Zeichnung besonders angefertigt.

Fig. 74 gibt ein reicheres Hauptgesimse wieder, mit welchem die Fensterpfeiler des Dachgeschosses durch Bogenstellungen in Verbindung gebracht sind.

Die den Fensterpfeilern vorgelegten Dreiviertelsäulen sind in Fig. 75 durch Teilzeichnungen in Ansicht, Höhenschnitt und Grundrissen des weiteren veranschaulicht.

Auf den Tafeln 1 bis 4 ist schliesslich noch ein Giebel in Gesamtansicht und Teilzeichnungen veranschaulicht, bei welchem für einzelne Bauteile Werkstein zur Verwendung gelangt ist. Die Gesamtansicht, sowie die Teilzeichnung des Giebelfeldes befindet sich auf Tafel 1, die Teilzeichnung des I. Stockwerkes und der oberen Hälfte des Erdgeschosses auf Tafel 2, die Teilzeichnung des unteren Teiles des Erdgeschosses und des Sockelgeschosses auf Tafel 3. Schnittzeichnungen durch den über dem Hauseingange befindlichen Balkon, sowie Grundrisse in verschiedener Höhenlage des Giebelbaues sind ebenfalls auf Tafel 3 zur Darstellung gebracht, während der Kragstein unter dem mittleren über Eck stehenden Giebelpfeiler, die Endigung dieses Pfeilers, Fuss und Kapitäl der die Balkonkonsolen stützenden Säulen und die Zwickelfüllung über den oberen Giebelfenstern auf Tafel 4 in grösserem Massstabe veranschaulicht sind.

Die vorliegende Arbeit ist in der Absicht verfasst, den Schülern unserer Baugewerkschulen geeigneten Stoff für die Uebungen im Entwerfen und in der Formenlehre an die Hand zu geben; sie will und kann hingegen keinen Anspruch auf erschöpfende Behandlung des Backsteinbaues erheben. Sie soll anregend auf den Lernenden, den Schüler, wirken und sofern dies in der einen oder anderen Weise geschieht, ist ihr Zweck erreicht.

Der Verwaltung der Siegersdorfer Werke, sowie Herrn Dampfziegeleibesitzer H. B. Röhrs in Hannover für die freundliche Unterstützung durch Uebersendung der Musterbücher ihrer Fabrikate meinen Dank.

## II. Abschnitt.

# Der Werksteinbau
### für mittelalterliche Formen.

Verfasser: Prof. Adolf Opderbecke.

———

Beeinflusst durch morgenländische Kultur, gingen nach dem Zusammensturze der Weltherrschaft Roms aus der entarteten römischen Kunst zwei neue Bauweisen, die altchristliche und die byzantinische hervor.

Beide Stilarten, erstere vom weströmischen, letztere vom oströmischen Reiche ausgehend, übertrugen sich auf die Völker des übrigen Europas, zunächst nach Frankreich und Deutschland.

Der lebhafte Schiffahrtsverkehr des südlichen Frankreich mit Venedig und Byzanz, die Kriege mit den in Spanien eingedrungenen Arabern, deren Kunst daselbst schon im 8. Jahrhundert in voller Blüte stand, machten das Abendland mit einer grossen Zahl neuer Bauformen und Konstruktionen bekannt, deren Einfluss wir deutlich an den Bauten der Karolingerzeit erkennen. Von da ab begegnen wir überall dem Streben der Bauleute, sich in Konstruktion und Dekoration möglichst frei von jeder Tradition der Vorzeit zu machen, eigene Wege zu suchen, und neues zu schaffen. 200 Jahre später findet denn auch die neue Zeit in einem neuen Baustile Ausdruck, dessen Eigenart gegenüber den bisherigen Bauweisen unverkennbar ist und den wir heute als den romanischen bezeichnen.

Besonders in Deutschland gelangt diese Stilrichtung zur vollen und schönsten Entwickelung, namentlich an den Ufern des Rheinstromes, wo zahlreiche hervorragende Bauwerke mit ihrem Zentrum Köln aus romanischer Zeit heute noch vorhanden sind.

Die Träger der Kultur im allgemeinen wie auch der Kunst im besonderen, waren zunächst die Klöster, wie denn auch in vielen Fällen Mönche die Baumeister waren. So kam es, dass in erster Hinsicht den neuen Stil die Kirchen- und Klosterbauten beschäftigten. Aber auch die Befestigung der vorhandenen und neu entstehenden, sich kräftig entwickelnden Städte, die Anlage von Burgen und Wohnsitzen der Reichen und Mächtigen des Landes stellten den Baumeistern bedeutende und lohnende Aufgaben. Das bürgerliche Wohnhaus scheint hingegen nur selten eine monumentale Steinarchitektur erhalten zu haben, wenigstens lassen hierhin die äusserst spärlich auf uns überkommenen Beispiele schliessen.

In diese Zeit fällt die Gründung der nachmals so berühmten Bauhütten, auch begegnen wir schon vereinzelt den später allgemein üblichen Steinmetzzeichen, gewöhnlich in Form lateinischer Buchstaben.

Das Auftreten und die Dauer des romanischen Stiles ist in den verschiedenen Ländern nicht gleichartig. Im allgemeinen herrschte er jedoch von dem Jahre 1000 bis zur Mitte des 12. Jahrhunderts. Um diese Zeit begann an den verschiedensten Orten eine Umänderung der seitherigen Bauweise, die wir als die Zeit des Uebergangsstiles, welcher den Uebergang zur gotischen Bauweise vermittelt, bezeichnen.

Um Missverständnissen zu begegnen, sei indes bemerkt, dass mit dem ersten Auftreten der Gotik an einzelnen Orten, so in Frankreich an der Abtei Saint Denis, in Deutschland an der 1227 begonnenen Liebfrauenkirche zu Trier, der romanische Stil keineswegs sein Ende erreicht hat, sondern dass die neue Richtung sich allmählich erst ihr Terrain erobern musste.

Während in Frankreich die Zeit des Uebergangsstiles etwa von 1120 bis 1140 dauerte, zeigt er sich in Deutschland zum erstenmale an dem Westchore des Domes zu Trier (begonnen um die Mitte des 12. Jahrhunderts) und dauerte bis 1250 fort, trotzdem — wie bereits früher erwähnt — die vollendete gotische Baukunst schon 1227 in der Liebfrauenkirche zu Trier auf deutschem Boden ausgeübt wurde, trotzdem 1233 die Elisabethenkirche zu Marburg und 1248 der jetzige Dom zu Köln begonnen wurde. An einzelnen Orten wurde sogar bis zum Ausgange des 13. Jahrhunderts noch romanisch gebaut.

Von 1140 bis etwa 1220 herrschte in Frankreich der frühgotische Stil und erreichte bis dahin seinen Höhepunkt. Von da an beginnt die Zeit der weiteren Entwickelung im Sinne des Reichtums, während 1250 die Zeit der Nachblüte, die Zeit der Loslösung des Stiles von aller Gebundenheit anhebt, die schliesslich im 14. und 15. Jahrhundert in die Zeit der Ungebundenheit und des Verfalles übergeht.

In Deutschland machte die Entwickelung der mittelalterlichen Bauweise ungleich langsamere Fortschritte als in Frankreich und es beginnen hier die einzelnen Kunstepochen um rund je ein halbes Jahrhundert später gegen diejenigen Frankreichs.

Während bis zum Ausgange des 13. Jahrhunderts die Baukunst vorwiegend von der Geistlichkeit, von Mönchen und kunstverständigen Aebten und Bischöfen ausgeübt wurde und von weltlichen und Kirchen-Fürsten Unterstützung und Förderung fand und während bis dahin ein lebhafter Verkehr mit Frankreich bestand, indem viele deutsche Baumeister dort ihre Studien machten, gingen im 14. Jahrhundert die Bauleute, die Steinmetzen und Baumeister aus den Bauhütten, die sich bald zu Meisterschulen ausbildeten, hervor. So haben wir neben der niederrheinischen Bauhütte zu Köln, eine hessische Bauhütte, die von Marburg und dem Cisterzienserkloster Haina ausging, zu erwähnen neben den Bauhütten zu Strassburg, Wien, Bern u. a.

Im 15. Jahrhundert fand eine Vereinigung dieser Bauhütten statt, es bildete sich eine Steinmetzzunft mit dem Vorsitze des Baumeisters des Strassburger Münsters. Dieser Organisation verdankte man eine allgemeine Tüchtigkeit und

Geschicklichkeit der deutschen Steinmetzen des 15. und 16. Jahrhunderts in der Lösung schwieriger Konstruktionen, wie sie frühere Zeiten nicht kannten.

Ein praktisch hochwichtiges Konstruktionselement, der Steinschnitt, ist durch die gotischen Baumeister und Steinmetzen der Vollkommenheit nahe gebracht worden und von dieser Errungenschaft zehren ihre Nachkommen bis in die heutige Zeit.

Diese bedeutende Geschicklichkeit der Handwerker, welche eine künstlerische Bildung nicht besassen, rief bei denselben bald das Streben hervor, sich gegenseitig durch allerhand Steinmetzkünsteleien zu überbieten.

Hierdurch wurde der Niedergang der mittelalterlichen Kunst nicht unwesentlich beschleunigt, sie erreichte bald den toten Punkt, wo sie nicht mehr weiter konnte und die in Italien unterdessen geschaffene **Renaissance** hielt siegreichen Einzug in Deutschland, Frankreich und den anderen Ländern, welche sich den gotischen Stil angeeignet hatten.

## Die Gesimse.

Diese bewirken die Gliederung einer Fassade in horizontaler Richtung; sie bringen die Teilung der Gebäude der Höhe nach in einzelne Geschosse äusserlich zum Ausdruck. Zwar hat die mittelalterliche Baukunst, insbesondere die Gotik, die Horizontalgliederungen zu Gunsten der Vertikalgliederungen nahezu verdrängt, kann derselben indes nicht vollständig entbehren.

Die Gesimsgliederungen des frühen Mittelalters sind spät-römischen, diejenigen der Frühgotik teilweise christlichen Bauten in Palästina und Syrien entlehnt, welche die Kreuzfahrer auf ihren Kriegszügen kennen lernten. Die reifere Gotik hat sich hingegen von allen Vorbildern der Vorzeit frei gemacht.

Vor allem herrschen die Rundstäbe und Hohlkehlen vor (vergl. die Fig. 8 bis 12, 15 bis 17, 44 bis 65), welche in der romanischen und frühgotischen Periode durch Plättchen voneinander getrennt werden, in der späteren Zeit hingegen ohne dieses Zwischenglied unmittelbar ineinander übergehen.

Die Formen und Verhältnisse hängen im allgemeinen von dem Zwecke ab, welchem die Gesimsgliederungen dienen, sowie von dem zur Verfügung stehenden Baustoffe. Auch die Stellung der Gliederungen gegen das Auge des vor dem Bauwerke stehenden Beschauers, also die Höhenlage derselben, beeinflussen die Form, Ausladung und Höhe der Gliederungen. So wird eine unterhalb der Augenhöhe liegende Gesimsgliederung — also in vielen Fällen die Sockelgesimse — in der Regel eine mehr der Horizontalen sich nähernde Profilierung,

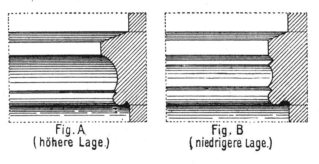

Fig. A.
(höhere Lage.)

Fig. B
(niedrigere Lage.)

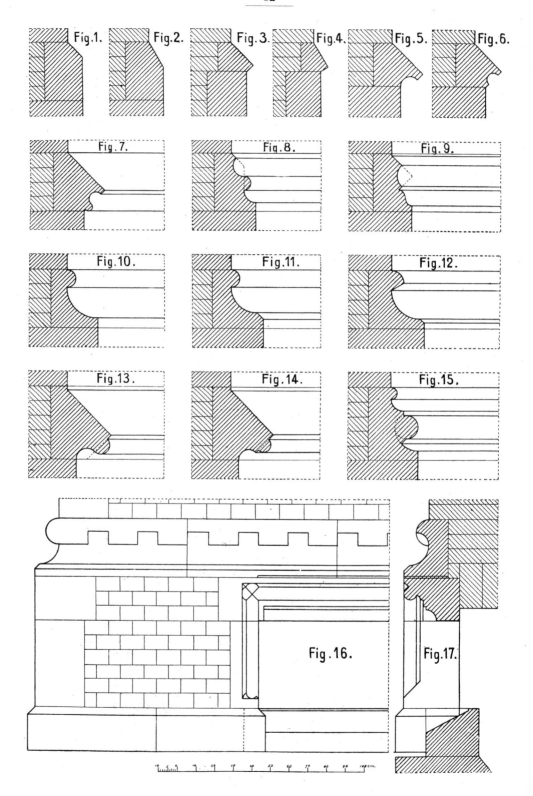

Fig. 1. Fig. 2. Fig. 3. Fig. 4. Fig. 5. Fig. 6. Fig. 7. Fig. 8. Fig. 9. Fig. 10. Fig. 11. Fig. 12. Fig. 13. Fig. 14. Fig. 15. Fig. 16. Fig. 17.

eine in der Höhe befindliche Gliederung — Gurtgesimse, Hauptgesimse — eine um so mehr der Vertikalen sich nähernde Profilierung erhalten können, je höher sie sich über dem Beschauer befindet. Je höher ein Gesimse angebracht ist, um so energischer und kräftiger muss aber auch seine Profilierung gehalten werden und es ist recht wohl möglich, zwei in verschiedener Höhenlage angeordneten Gesimsen gleiche Höhe zu geben; es muss dann aber die Profilierung des höher befindlichen Gesimses einen entsprechend kräftigeren, energischeren Ausdruck erhalten als das tiefer liegende (vergl. Fig. A und B).

### Die Sockelgesimse.
(Hierzu die Figuren 1 bis 17.)

Der Sockel der Gebäude ist eine vor die aufgehende Mauerflucht vorspringende, aus einer oder mehreren Schichten bestehende Platte, welche den Fuss des Gebäudes bildet. Die durch ihn bewirkte äusserliche Mauerverstärkung soll den Eindruck hervorrufen, dass das Gebäude auf dem Erdboden sicher aufruht. Als weitere Aufgabe fällt ihm gewöhnlich die Aufnahme der Kellerfenster zu, oft ist er auch durch Eingangsthüren und bei Ladenbauten durch die Schaufenster durchbrochen.

Die Horizontalgliederung des Sockelgesimses — welche in Höhe des Fussbodens im Erdgeschosse anzubringen ist — soll das Gebäude sichtbar vom Erdboden trennen.

Die Vermittelung zwischen vortretendem Sockel und aufgehendem Mauerwerk geschieht in der einfachsten Weise durch eine mehr oder minder steil gestellte Schräge (Fig. 1 und 2). Um zu verhindern, dass das Wasser an dem Sockelmauerwerk herunterläuft, ordnet man zweckmässig unter der oberen abdeckenden eine gegen diese unter rechtem Winkel zurücktretende Schräge (Fig. 3 und 4), oder noch besser eine die Wasserschräge unterschneidende Hohlkehle, eine Wassernase (Fig. 5 und 6) an, die für reichere Ausführung die Formen annehmen kann, welche in den Bildern 7, 13 und 14 gegeben sind.

Bei reicheren Sockeln des romanischen und gotischen Stiles schliesst der Sockel nach oben mit einer, aus der attischen Basis abgeleiteten Gliederung (siehe Fig. 8 und 15) ab, oft jedoch unter Weglassung des einen oder anderen Gliedes, so dass das Gesimse häufig nur aus einem Wulste und einer Hohlkehle besteht (siehe Fig. 10, 11, 12 und 16).

In den Figuren 16 und 17 ist die Ecke eines Gebäudesockels in Ansicht und Vertikalschnitt durch das Kellerfenster dargestellt.

### Die Gurtgesimse.
(Hierzu die Bilder 18 bis 43).

Die Höhenlage der Gurtungen entspricht meist der Gebälklage im Innern der Gebäude; sie heissen dann Stockgurte oder Gurtgesimse. Sie können jedoch auch in Höhe der Fenstersohlbänke liegen und heissen dann Brüstungsgurte oder Brustgesimse. Kommen in ein und demselben Stockwerke beide Gurtarten zur Anwendung, so muss das in Höhe der Balkenlage befindliche dominieren; es erhält die grössere Höhe und die bedeutendere Ausladung.

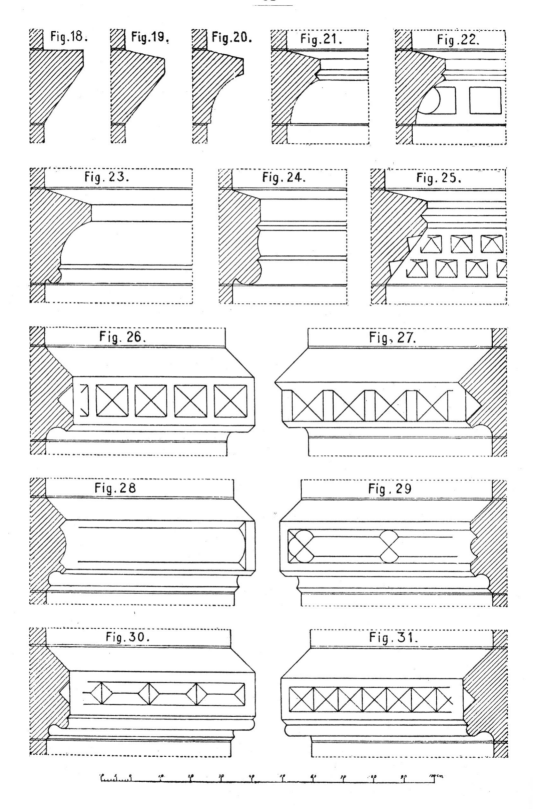

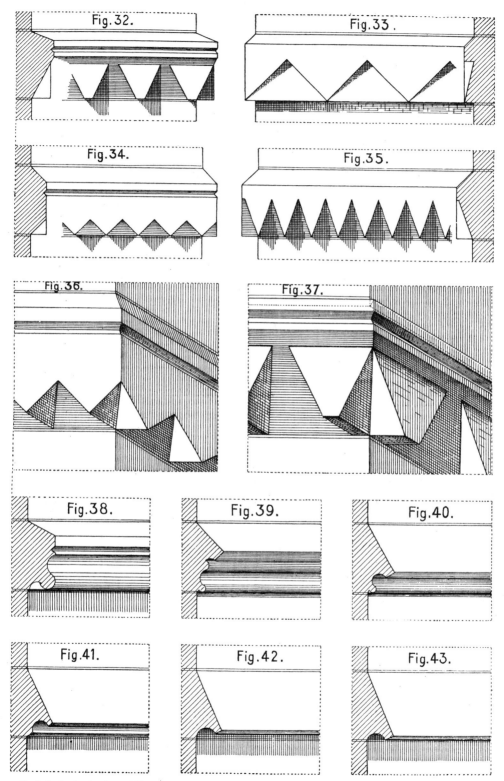

Fig. 32. Fig. 33. Fig. 34. Fig. 35. Fig. 36. Fig. 37. Fig. 38. Fig. 39. Fig. 40. Fig. 41. Fig. 42. Fig. 43.

Die romanischen Gurtgesimse bestehen meist aus einer einfachen Platte mit einer unteren Schräge oder Kehle (Fig. 18 bis 20). Anfangs fehlt der Wasserschlag, die abdeckende Wasserschräge. Die Erkenntnis, dass unser rauhes, nordisches Klima und das zur Verfügung stehende meist wenig dichte Baumaterial ein schnelles Abfliessen des Wassers von allen Teilen eines Bauwerkes verlangt, sofern demselben eine grössere Dauer gesichert werden soll, führte indes schon frühzeitig dahin, alle Vorsprünge und mithin auch die vortretenden Gesimse nach oben hin abzuschrägen. Diese Wasserschläge, zunächst wenig von der Horizontalen abweichend, nähern sich mit der Zeit immer mehr der Vertikalen, gewinnen dadurch bedeutend an Höhe, bis sie schliesslich nahezu die ganze Gesimshöhe in Anspruch nehmen (vergl. die Figuren 19 bis 43). Häufig ist zwischen Platte und Hohlkehle, beziehungsweise Platte und Schräge, durch Einkerbung ein Trennungsglied eingeschoben (Fig. 21, 22 und 25) und die Hohlkehle durch vortretende Rundstäbe (Fig. 22) oder die Schräge durch eingekerbte quadratische Diamantquader (Fig. 25) verziert. Reichere Gliederungen zeigen die Figuren 23 und 24, wo zu Platte und Hohlkehle als unteres Glied noch der Rundstab hinzugefügt ist.

Ebenso wie bei den Sockelgesimsen sehen wir in der späteren romanischen und in der gotischen Zeit bei den Gurtgesimsen Wassernasen, entweder unter den Gesimsplatten (Fig. 26 bis 31) oder unmittelbar unter den Wasserschlägen (Fig. 38 bis 43), angeordnet. Die Gesimsplatten bieten ebenso wie die Kehlen und Schrägen mannigfaltige Gelegenheit, zu mehr oder weniger reicher Verzierung und findet hierbei namentlich der Diamantschnitt (Fig. 26, 27, 30 und 31) wie auch der Rundstab (Fig. 28 und 29) häufige Verwendung.

Die Figuren 32 bis 35 geben schliesslich noch einige Beispiele für die Anwendung des vornehmlich in der romanischen Zeit beliebten Zickzackmusters. Die Figuren 36 und 37 zeigen die Ecklösungen zu den Figuren 34 und 32 in isometrischer Darstellung.

## Die Hauptgesimse.
### (Hierzu die Figuren 44 bis 65.)

Die Hauptgesimse haben verschiedenen Zwecken zu dienen. Wie die Sockel den Fuss, so bilden sie den Kopf, den oberen krönenden Abschluss eines Bauwerkes. Sie haben ferner das Regenwasser von der Aussenwand abzuhalten, also diese zu schützen und endlich eine Traufrinne, welche das von den Dachflächen abfliessende Regenwasser aufnimmt, zu tragen. Alle diese Erfordernisse bedingen eine grosse Ausladung der Hauptgesimse.

Die Profilierung der Hauptgesimse ist eine ähnliche wie bei den Gurtgesimsen und setzt sich meist aus Viertelstäben, Rundstäben, Hohlkehlen und Plättchen zusammen. Der Wasserschlag und die Wassernasen fehlen fast nie, ersterer nur dann, wenn die Sparren bis an die Vorderkante der Gesimsstücke herantreten (vgl. Fig. 65) oder gar über diese hinausragen (überhängende Dächer).

Anfangs erscheinen die einzelnen Glieder (Rundstab und Hohlkehle) scharf voneinander getrennt (Fig. 44 bis 47), späterhin fliessen sie ineinander über und erzeugen überaus weichliche, wenig energische Profillinien (Fig. 48 bis 51). Um eine weite Ausladung der Gesimse bei verhältnismässig geringer Höhe derselben

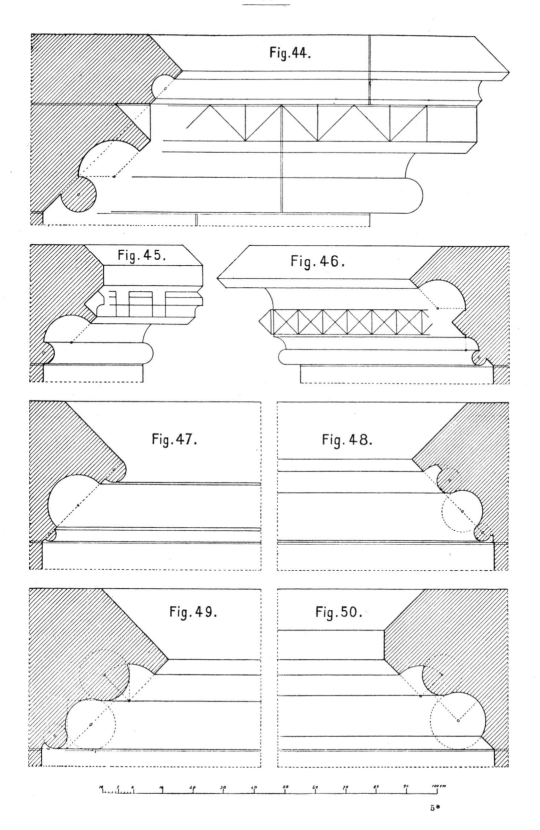

Fig. 44.

Fig. 45.

Fig. 46.

Fig. 47.

Fig. 48.

Fig. 49.

Fig. 50.

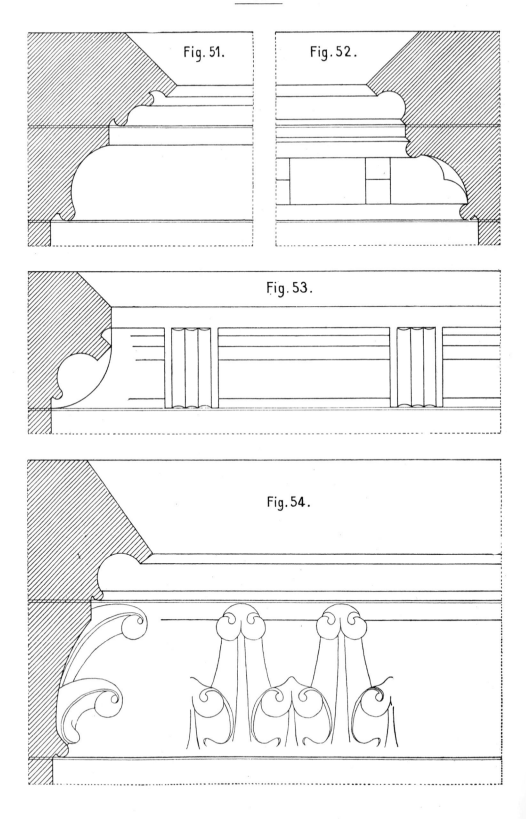

Fig. 51.

Fig. 52.

Fig. 53.

Fig. 54.

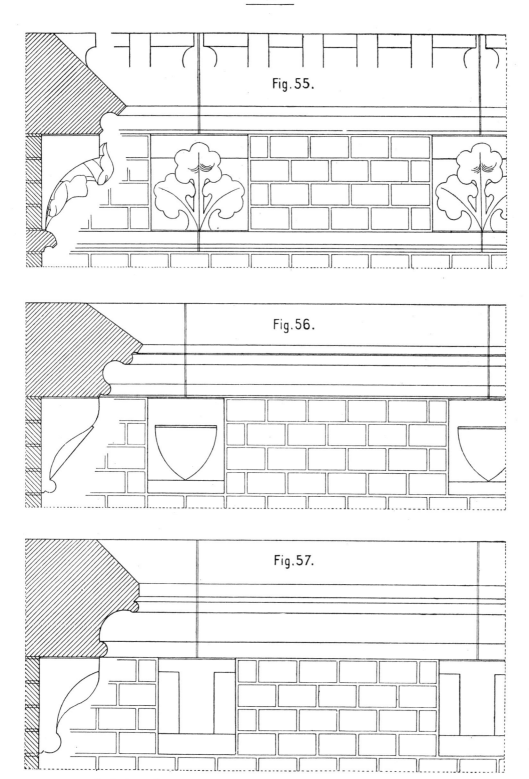

Fig. 55.

Fig. 56.

Fig. 57.

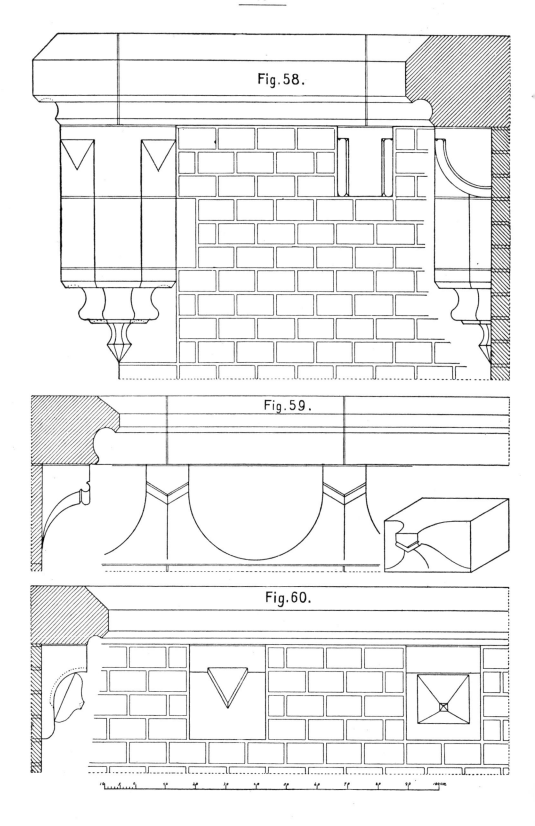

Fig. 58.

Fig. 59.

Fig. 60.

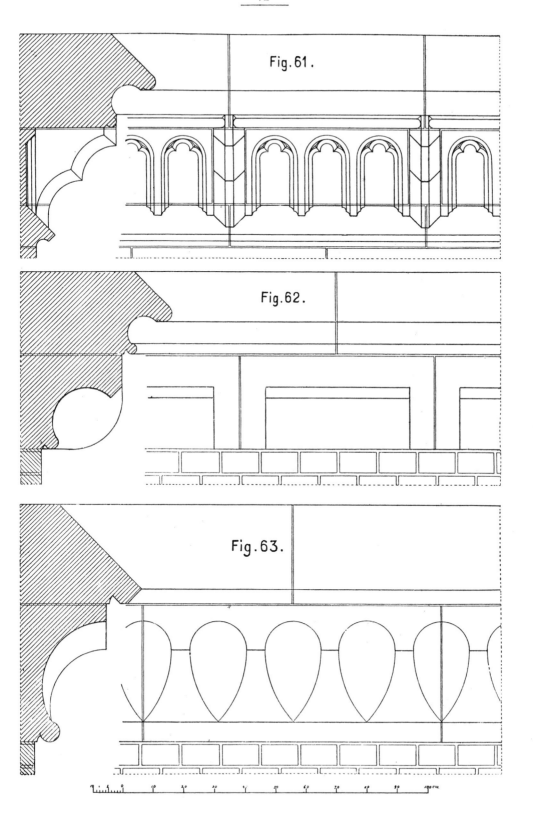

Fig. 61.

Fig. 62.

Fig. 63.

Fig. 64.

Fig. 65.

zu erzielen, bedient man sich der K o n s o l e n zur Unterstützung der vorgekragten Platten (Fig. 55 bis 61). Dieses Hilfsmittel fand namentlich bei zahlreichen romanischen Bauten in Frankreich Anwendung.

In Deutschland bediente man sich der Konsolen zur Auflagerung von R u n d -, S p i t z - oder K l e e b l a t t b ö g e n, anf denen die von der Mauerflucht vorgeschobenen abdeckenden Gesimsstücke aufruhten. Beispiele hierfür geben die Figuren 64 und 65.

Die Figuren 53, 62 und 63 zeigen insofern von den gewöhnlichen abweichende Formen, als die Gesimsprofilierung unterhalb der Abdeckung durch einzelne konsolartig geformte vortretende Steinkörper unterbrochen ist. Es wird hierdurch eine besonders energische Schattenwirkung erreicht.

Fig. 54 zeigt ein sehr hohes Gesimse von verhältnismässig geringer Ausladung, dessen mächtige untere flach gehaltene Hohlkehle durch kräftiges Laubwerk geschmückt ist. Ebenso sehen wir auch eine Ausschmückung durch Laubwerk bei Fig. 64 oberhalb der Rundbogenkonsolen sowohl, wie auch in der Hohlkehle der abdeckenden Werkstücke.

Bei dem durch Fig. 65 dargestellten Beispiele bildet den oberen Abschluss des Gesimses das vor den Köpfen der Dachbalken befestigte Stirnbrett. Das auf diesem angedeutete Ornament dürfte von guter Wirkung sein, wenn dasselbe flach ausgegründet und durch dunkle Beizung von der Färbung des Brettes scharf abgehoben wird.

## Die Fenster.
(Hierzu die Figuren 66 bis 102, 106 bis 109, 120, 125 bis 129, 141 bis 147.)

Als F e n s t e r bezeichnet man heute sowohl die Oeffnungen in den Aussenwänden der Gebäude, welche den Räumen Licht zuführen sollen, als auch die verglasten Holz- oder Eisenrahmen, welche in jene eingesetzt werden. Die Fensterrahmen legen sich bei den Fenstern unserer modernen Profanbauten hinter den F e n s t e r a n s c h l a g. Man versteht hierunter den Absatz der inneren Fensternischen gegenüber der lichten Oeffnung. Dieser Absatz erhält eine Breite von mindestens 6 bis 8 cm. Sollen innere Doppelfenster oder Klappläden angebracht werden, so erhöht sich die Anschlagbreite auf 12 bis 15 cm. Eine gleiche Breite gibt man zweckmässig dem oberen Anschlage, um hier Rouleauxstangen anbringen zu können, ohne dass diese beim Oeffnen der oberen Fensterflügel hinderlich sind.

Unten ruht der Fensterrahmen (Futterrahmen) auf der Fenstersohlbank, welche einen nach aussen geneigten Wasserschlag erhält, um das Eintreten des Regenwassers nach innen zu verhindern. Die Brüstungsmauer erhält bei schwachen Wänden die Stärke der letzteren; meist wird ihre Stärke auf nur 25 bis 40 cm bemessen, um ein bequemes Ueberblicken des Geländes unmittelbar vor dem Gebäude zu ermöglichen, ohne dass die im Innern des Gebäudes Befindlichen sich über die Brüstungsmauer hinwegzubeugen brauchen. Sie erhält zweckmässig eine innere Verkleidung durch Holztäfelung, welche um einige Zentimeter nach innen vor die Wand gerückt wird, so dass sich eine isolierende Luftschicht zwischen Brüstung und Vertäfelung befindet.

Dem frühesten Mittelalter war eine Verglasung der Fensteröffnungen unbekannt, es konnte das Tageslicht durch dieselben unbehindert eintreten. Die

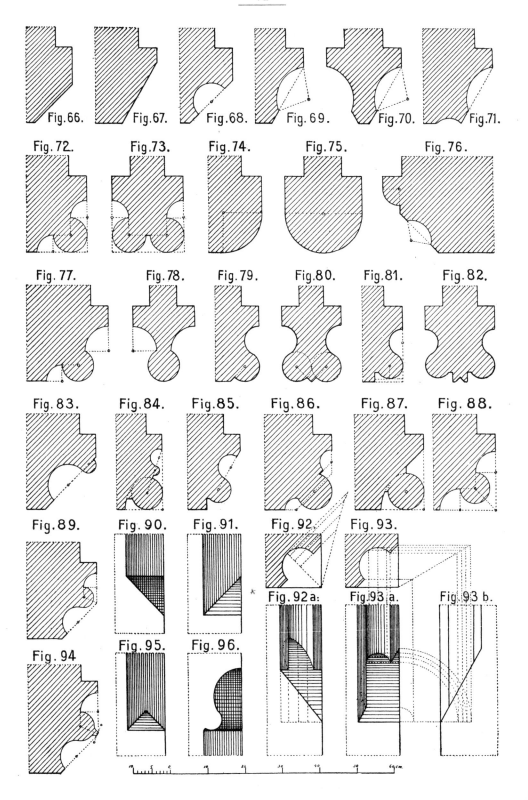

Fig.66. Fig.67. Fig.68. Fig.69. Fig.70. Fig.71.

Fig.72. Fig.73. Fig.74. Fig.75. Fig.76.

Fig.77. Fig.78. Fig.79. Fig.80. Fig.81. Fig.82.

Fig.83. Fig.84. Fig.85. Fig.86. Fig.87. Fig.88.

Fig.89. Fig.90. Fig.91. Fig.92. Fig.93.

Fig.92 a. Fig.93 a. Fig.93 b.

Fig.94 Fig.95. Fig.96.

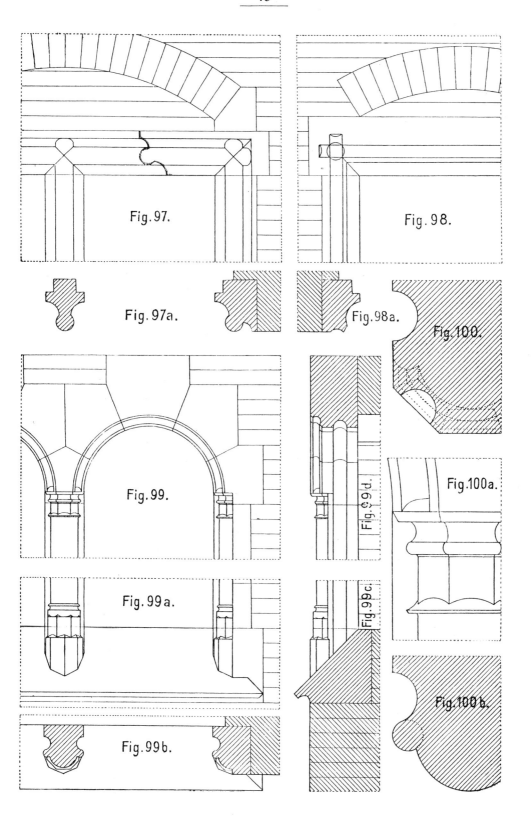

Fig. 97.

Fig. 98.

Fig. 97a.

Fig. 98a.

Fig. 100.

Fig. 99.

Fig. 99d.

Fig. 100a.

Fig. 99a.

Fig. 99c.

Fig. 99b.

Fig. 100b.

Fig. 101.

Fig. 101 b.

Fig. 101 a.

Abmessungen waren nur geringe, um dem Winde, dem Schnee und Regen möglichst wenig Eingang zu gestatten.

Späterhin sehen wir dieselben mit durchbrochenen Steinplatten oder mit dünnen, transparenten Hornplatten und schliesslich mit Glas geschlossen. Die unmittelbare Folge war, dass die Höhe und die Breite der Fenster bedeutend zunahm, um eine ausreichende Beleuchtung des Inneren der Gebäude zu erreichen.

Wenn im Nachstehenden die Bezeichnung „Fenster" gebraucht wird, so ist darunter ausschliesslich die architektonisch ausgebildete Oeffnung zu verstehen, nicht aber das die Verglasung aufnehmende Holz- oder Eisengerüst. Hinsichtlich der Konstruktionen und der Formen des letzteren sei auf den Band IV „Der innere Ausbau" dieses Werkes hingewiesen.

Die Fenster des r o m a n i s c h e n Stiles sind fast ausnahmslos rundbogig, diejenigen des Uebergangsstiles nicht selten mit Kleeblattbogen, die g o t i s c h e n vorzugsweise mit Spitzbogen überdeckt. F e n s t e r m i t g e r a d e r S t u r z ü b e r d e c k u n g sind im romanischen Stile sehr selten; selbst bei ganz kleinen Fenstern ist der Sturz halbrund ausgehöhlt.

Im Uebergangsstile oder in der Frühgotik sind an dem Sturze häufig dekorative Blendbogen in Form von halben Vierpässen (vgl. Fig. 125) ausgearbeitet, später verwandeln sich diese Formen häufig in nasenbesetzte Spitzbogen.

Erst die Spätgotik verwendet den geraden Sturz bei Fenstern häufiger und er ist den Profangebäuden dieser Zeit allgemein eigen. Mit Vorliebe wird ihm besonders reicher Schmuck gegeben und die Steinmetzen nehmen Gelegenheit, die Profile sich in allerlei geometrischen Linien bewegen und sich durchschneiden zu lassen.

Obgleich der romanische Stil den R u n d b o g e n gleichsam gepachtet hat, ist er dennoch im gotischen Stil nicht vollständig ausgeschlossen, bei den frühgotischen Bauten sogar neben dem S p i t z b o g e n im Gebrauche. Die Spätgotik verwendet ihn ebenso wie den geraden Sturz und den Segmentbogen namentlich bei Profanbauten und sogar häufiger wie den Spitzbogen.

Während die Fenster der Kirchen im Mittelalter eine sehr kräftige und reiche, gegen die Wandfläche zurücktretende Profilierung der Leibungen als konzentrisch hintereinander liegende Archivolten aufweisen, welche entweder nach unten zu gegen das Brust- oder Gurtgesimse tot laufen oder in geringer Höhe über demselben endigen, oder von Säulen aufgefangen werden, zeigen die Fenster der Profanbauten eine wesentlich einfachere Gliederung.

Diese schlichtere Ausschmückung war schon dadurch bedingt, dass die meist bedeutend geringeren Mauerstärken der Profangebäude gegenüber den Mauern der monumentalen Kirchenbauten eine so tief in den Mauerkörper einschneidende Gliederung nicht gestatteten; auch ist es leicht verständlich, dass bei dem Bau der Gotteshäuser ein grösserer Reichtum in der Formengebung gewählt wurde, als bei dem Bau der Wohnstätten des Menschen.

In der gotischen Zeit spielt bei den Fenstern der Kirchen- und Klosterbauten das M a s s w e r k eine bedeutende Rolle; es ging aus dem Bedürfnisse hervor, die grossen Oeffnungen, welche oft die ganze Gewölbebreite einnahmen, durch vertikale Steinpfosten in mehrere kleine Oeffnungen zu zerlegen. Bei den verhältnismässig kleinen Fensteröffnungen des Profanbaues fiel dieses Erfordernis der Vertikalteilung und mit ihm das Masswerk fort und wir begegnen letzterem hier dementsprechend verhältnismässig selten.

Es dürfte den Rahmen dieser Abhandlung weit überschreiten, wollte Verfasser des Näheren auf die Formen und Konstruktionen des Masswerkes eingehen. Diese sind so verschiedene und mannigfache, dass deren nur einigermassen erschöpfende Besprechung und Vorführung im Bilde für sich allein den ganzen, dem Verfasser für vorliegende Arbeit zur Verfügung gestellten Raum in Anspruch nehmen dürfte.

Das praktische Bedürfnis weist unsere Baugewerkschüler aber zunächst auf das Studium des schlichten Wohnhausbaues hin, für welchen sich das Masswerk leicht entbehren lässt. Wer dennoch glaubt, des Studiums auch dieses nicht unwesentlichen Teiles mittelalterlicher Baukunst nicht entbehren zu können, sei auf die diesen Stoff eingehend behandelnden Werke von Ungewitter, Redtenbacher und Viollet-le-Duc wiederholt aufmerksam gemacht.

Die englische Gotik verwendet mit Vorliebe den sogenannten Tudorbogen (Fig. C), zuweilen auch den gebrochenen Spitzbogen (Fig. D), die belgische und holländische Gotik häufig den Korbbogen (Fig. E) zur Ueberdeckung der Fensteröffnungen. Die Spätgotik fügt zu diesen Formen noch den gebrochenen und ungebrochenen Eselsrückenbogen (Fig. F, G, H, I und K) sowie den Vorhangfensterbogen, welcher aus drei, vier oder mehreren mit ihrer konvexen Seite nach dem Innern des Fensters gekehrten Bogensegmenten gebildet ist (Fig. L und M).

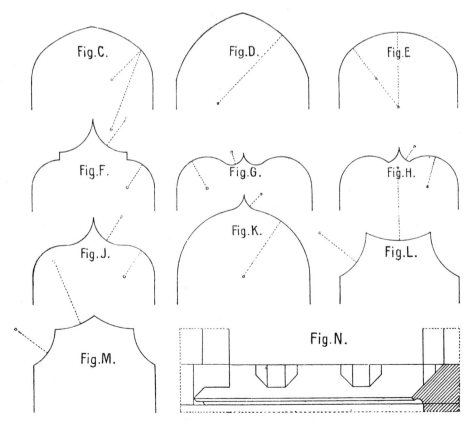

Gekuppelte Fenster werden im romanischen Stile bisweilen durch eine rechtwinkelige Umrahmung, welche häufig durch Ornamentenschmuck (Knospenblätter, Blumenknospen) bereichert wird, als Gruppe besonders betont. Dreifach gekuppelte Fenster sind oft durch kombinierte Bogenüberdeckungen zu einer Gruppe zusammengefasst (vgl. Fig. 128).

Die Spätgotik wendet bei Fenstern mit geradem Sturz oder mit flachbogiger Ueberdeckung nicht selten Verdachungen an, welche sich an den Ecken der Fenster rechtwinkelig herumkröpfen und ein Stück weit an den Fenstergewänden herunterlaufen (vgl. Fig. 109 und 118), dann auch wohl wieder in die Horizontale zurückkehren und so die Verdachungen der Fenster untereinander verbinden (vgl. Fig. 127 und die Fenster im 1. Stockwerk bei Fig. 134).

Für die Profilierung der Fensterleibung findet namentlich die Schräge (Fase), die Hohlkehle, der Viertel- und Dreiviertelstab und in späterer Zeit auch der Birnstab Verwendung. Die Figuren 66 bis 89 sowie 94 veranschaulichen eine Anzahl derartiger Profile.

Die Figuren 66 und 67 zeigen die flachere und die steilere Abfasung, Fig. 68 die kräftig unterschnittene Hohlkehle und Fig. 69 die flacher gehaltene Hohlkehle. Der Mittelpunkt, aus welcher letzterer geschlagen ist, liegt bedeutend vor der Richtungslinie der Abfasung, während er bei Fig. 68 in diese Richtungslinie hineinfällt. Fig. 70 stellt das Profil des zu der Profilierung der Figur 69 gehörigen Fensterpfostens dar. Fig. 71 weist die gleiche Profilierung der Leibung wie Fig. 69 und 70 auf, doch ist ein grösserer Reichtum durch eine aus der Mauerfläche ausgearbeitete flache Hohlkehle erzielt. Eine ungleich wirkungsvollere Profilierung wird durch Anwendung des Rundstabes in Verbindung mit Hohlkehlen (vgl. Fig. 72 und 73, sowie 77 und 78) erzielt

In der spätgotischen Zeit zeigen diese Glieder keine scharfe Trennung mehr, sie fliessen ineinander über und verlieren dadurch bedeutend an Energie (vgl. Fig. 79, 80, 81, 82, 83, 85).

Fig. 94 zeigt das Birnstabprofil in Verbindung mit Hohlkehlen.

Die Endigungen der Leibungsprofile können in der mannigfaltigsten Weise erfolgen. Die Figuren 90, 91, 95 und 96 stellen solche Endigungen für die einfache Abfasung, die Figuren 92, 92a, 93, 93a und 93b solche für eine Abfasung mit tief unterschnittener Hohlkehle dar. Bei Fig. 90 erfolgt die Endigung sowohl an der Ansichtsfläche, wie in der Leibungsfläche in geneigt stehenden Linien, bei Fig. 91 ist eine solche geneigt stehende Linien nur in der Leibungsfläche vorhanden, während die Endigung in der Ansichtsfläche in horizontaler Linie erfolgt. Fig. 95 zeigt sowohl in der Ansichtsfläche, als auch in der Leibungsfläche horizontale Endigung und bei Fig. 96 geschieht die Endigung in geschwungener Linie. Die durch die Figuren 92 und 92a dargestellte Endigung entspricht der in Fig. 90 und die durch die Figuren 93 bis 93b dargestellte Endigung ist analog der in Fig. 91 vorgeführten entstanden.

Die Rundstabprofile sind häufig dort, wo ein Uebergang aus der vertikalen in die horizontale Richtung stattfindet, also am Sturze oder am Kämpfer, über die Schnittstelle hinaus bis gegen eine den Rundstab einfassende Hohlkehle fortgeführt (siehe Fig. 97, 103, 110 und 126).

Zuweilen erhalten die Rundstabprofile der Gewände Basis und Kapitäl, manchmal ist nur erstere vorhanden (siehe Fig. 103, 107, 110, 129 und 141).

Fig. 102.

Fig. 102 b.

Fig. 102 a.

Fig.103.

Fig.103.a.

Fig.103.b.

Fig. 104.

Fig. 104 b.

Fig. 104 a.

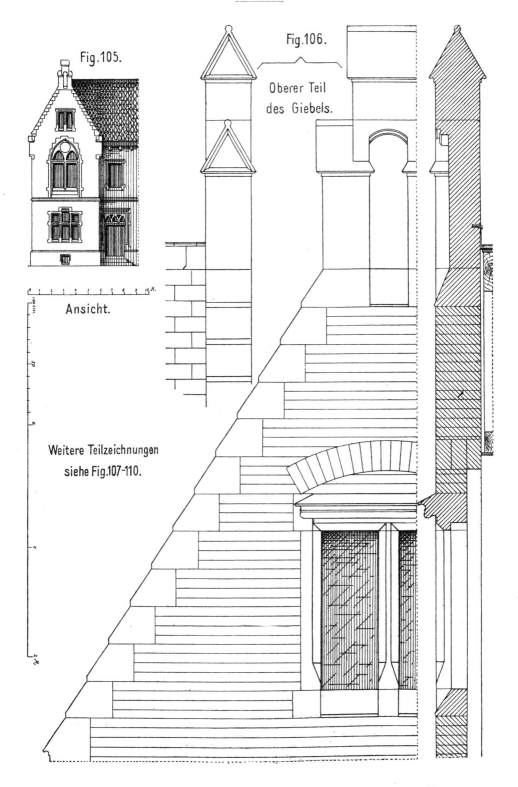

Fig.105.

Fig.106.

Oberer Teil
des Giebels.

Ansicht.

Weitere Teilzeichnungen
siehe Fig.107-110.

6*

Fig.107. Teilzeihnung zu Fig.105.

Fenster im Obergeschoss des Giebelbaues.

Fig.108. (Teilzeichnung zu Fig.105.)

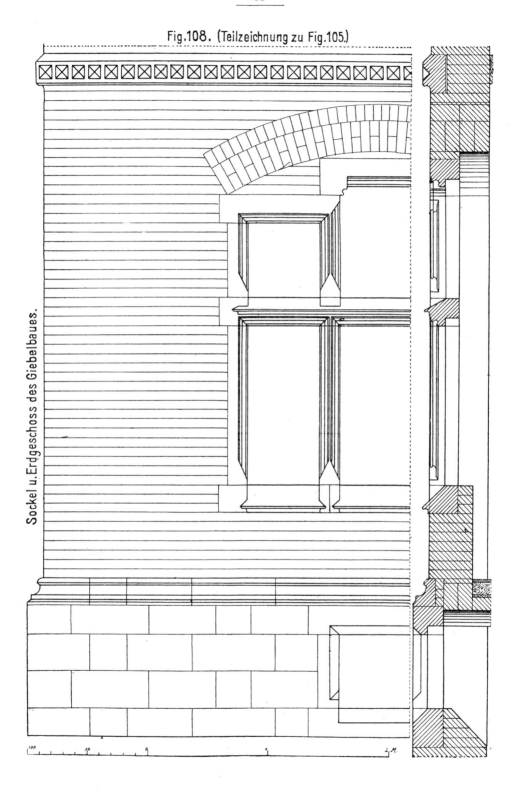

Sockel u. Erdgeschoss des Giebelbaues.

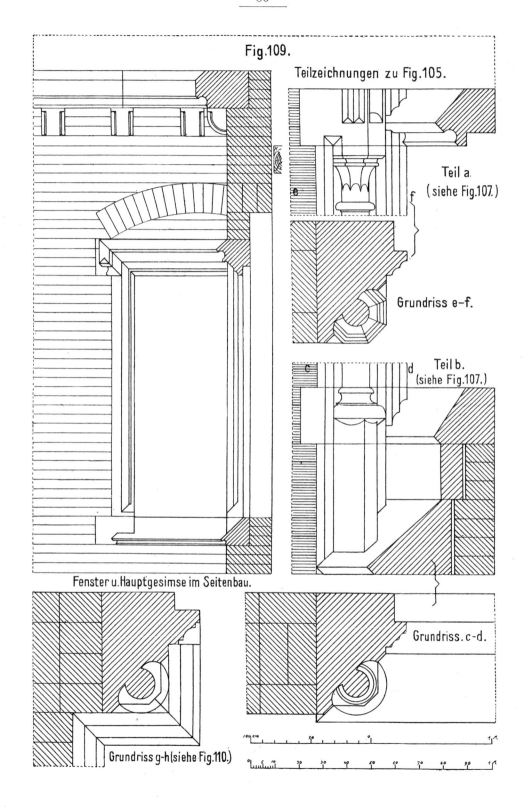

Fig.109.

Teilzeichnungen zu Fig.105.

Teil a.
( siehe Fig.107.)

Grundriss e–f.

Teil b.
(siehe Fig.107.)

Fenster u.Hauptgesimse im Seitenbau.

Grundriss. c–d.

Grundriss g–h(siehe Fig.110.)

Fig.110.

Teilzeichnung zu Fig.105.(Hauseingang.)

Bei b o g e n f ö r m i g e r U e b e r d e c k u n g der Fenster ist die Profilierung im Bogen oft eine andere als die der Gewände und Zwischenpfosten. Letztere sind dann entweder pfeilerartig mit Basis und Kapitäl ausgebildet (siehe Fig. 99 und 142), oder sie sind schlicht abgefast (siehe Fig. 120).

Die Figuren 97 und 98 stellen F e n s t e r m i t g e r a d e r S t u r z ü b e r d e c k u n g dar, die Figuren 97a und 98a zeigen die zugehörigen Grundrisse. Bei Fig. 97 ist der Rundstab des Gewändes und des Sturzes, bei Fig. 98 die aus der Ansichtsfläche flach herausgearbeitete Hohlkehle über die Kreuzungsstellen verlängert; es entstehen mithin an diesen Stellen Durchschneidungen der Profile.

Fig. 99 bis 99d zeigen ein m i t R u n d b ö g e n überdecktes gekuppeltes Fenster mit säulenartig ausgebildeten Gewänden und Mittelpfosten und zwar ist in Fig. 99 der obere und in Fig. 99a der untere Teil des Fensters in der Ansicht, in Fig. 99b der Grundriss des Fensters und in Fig. 99c und 99d der Höhenschnitt durch den unteren, beziehungsweise den oberen Fensterteil veranschaulicht. Fig. 100a stellt den Kopf des Zwischenpfostens in grösserem Massstabe in der Ansicht und die Figuren 100 und 100b stellen den Grundriss unmittelbar oberhalb des Pfeilerkopfes und in Höhe des Pfeilerschaftes dar.

Die Figuren 101 und 102 veranschaulichen Fenster mit Mittelpfosten und Steinkämpfer, die Figuren 101a und 101b, beziehungsweise 102a und 102b geben die zugehörigen Grundrisse und Höhenschnitte.

Ein g e k u p p e l t e s F e n s t e r m i t k l e e b l a t t f ö r m i g e r U e b e r d e c k u n g, in spitzbogig abgeschlossener Nische liegend, zeigt Fig. 107; das Feld zwischen Fenster- und Nischenbogen ist in einfacher Weise durch Masswerk geschmückt.

Fig. 108 stellt ein d r e i f a c h g e k u p p e l t e s F e n s t e r in schlichter Ausführung mit gerader Sturzüberdeckung, Fig. 111 ein solches mit flachbogiger Ueberdeckung als Giebelfenster und die Figuren 126 und 128 solche in etwas reicherer Ausbildung dar. Weitere Fensterbildungen zeigen die Figuren 127, 141 und 142.

## Die Hauseingänge (Portale).

(Hierzu die Figuren 103, 104 und 110, sowie auch Tafel 5 und 6.)

Die Bildung der Thürumrahmungen unterscheidet sich nur unwesentlich von derjenigen der Fensterumrahmungen.

Die Oeffnungen der Hauseingänge unserer modernen Bauten sind stets durch Holzthüren, zuweilen auch durch eiserne Thüren zu verschliessen. Zur Anbringung der Futterrahmen ist eine Anschlagbreite von 12 bis 15 cm erforderlich.

Die U m r a h m u n g e n haben gewöhnlich bedeutend mehr Tiefe als die der Fenster, einesteils um ihnen eine reichere Profilierung geben zu können, anderenteils um die, die Oeffnung schliessende Thür, gegen die Einflüsse der Witterung besser zu schützen und den Einlass begehrenden Personen bei Regen oder Schneegestöber Schutz zu gewähren.

Die Gestaltung der Eingänge ist zunächst bedingt durch ihre von der Thürbreite und dem zur Verfügung stehenden Baustoffe (ob sehr fester oder weicher Steine) abhängigen Art der Ueberdeckung.

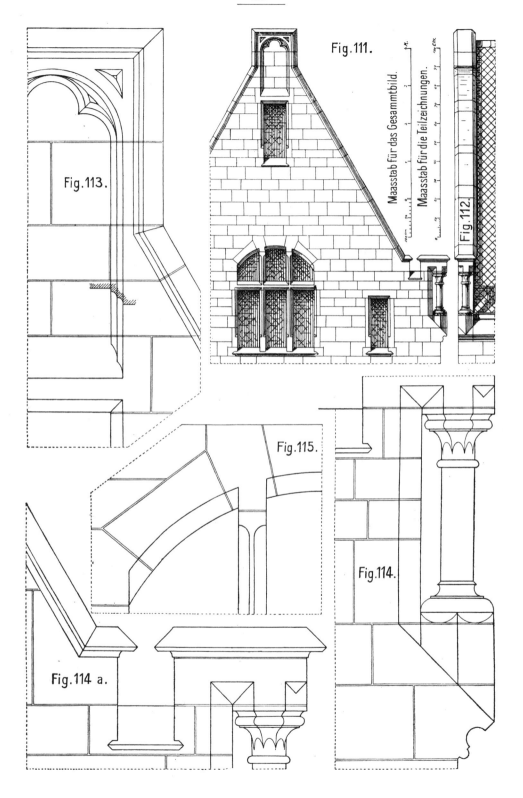

Fig. 111.

Fig. 113.

Maasstab für das Gesammtbild.

Maasstab für die Teilzeichnungen.

Fig. 112.

Fig. 115.

Fig. 114.

Fig. 114 a.

Fig. 117.

Fig. 116.

Fig. 118.

Fig. 119.

Fig. 120

Fig. 121.

Fig. 122.

Fig. 123.

Oberer Teil des Giebels.

Weitere Teilzeichnungen
siehe Fig. 125-133.

Fig. 124.

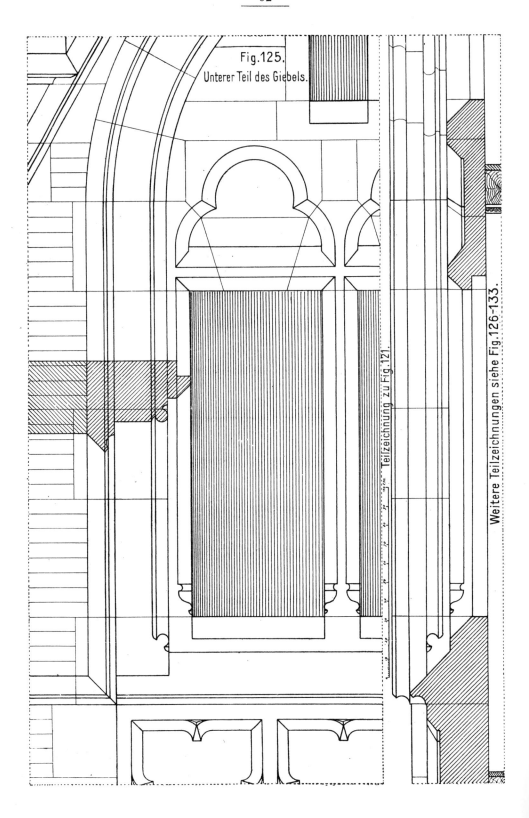

Fig. 125.

Unterer Teil des Giebels.

Teilzeichnung zu Fig. 121.

Weitere Teilzeichnungen siehe Fig. 126-133.

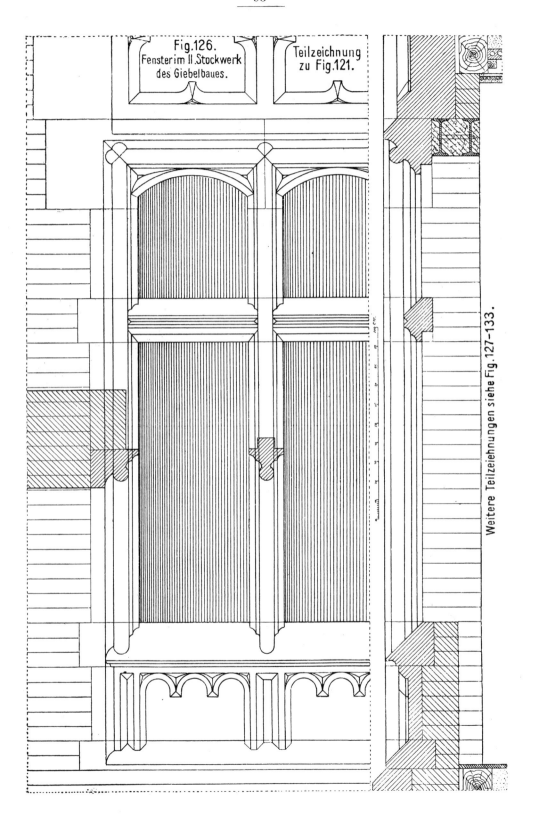

Fig.126.
Fenster im II. Stockwerk des Giebelbaues.

Teilzeichnung zu Fig.121.

Weitere Teilzeichnungen siehe Fig.127–133.

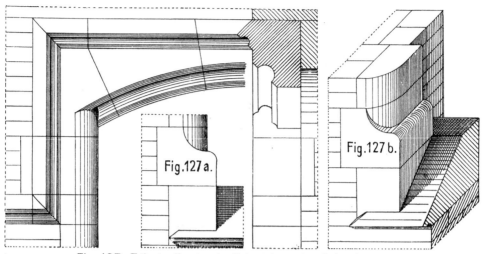

Fig. 127 a.

Fig. 127 b.

Fig. 127. Teile des Fensters im Erdgeschoss des Seitenbaues.
Teilzeichnungen zu Fig. 121.

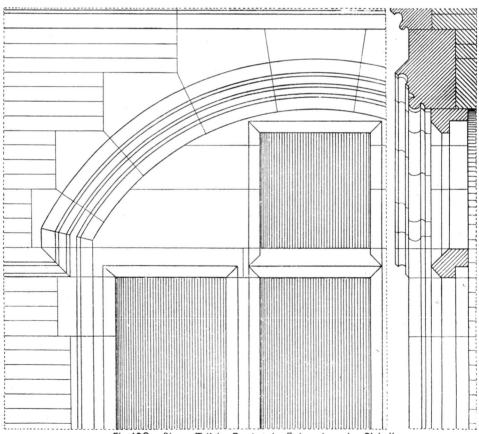

Fig. 128. Oberer Teil des Fensters im Erdgeschoss des Giebelbaues.

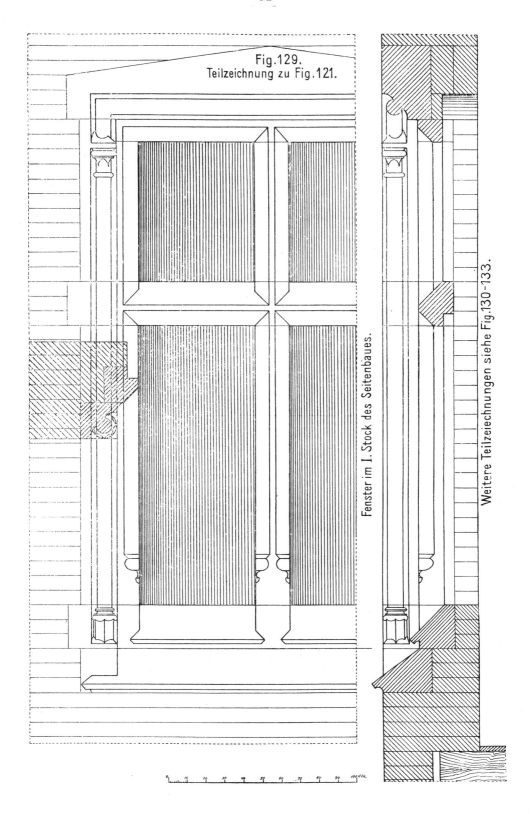

Fig.129.
Teilzeichnung zu Fig.121.

Fenster im I. Stock des Seitenbaues.

Weitere Teilzeichnungen siehe Fig.130-133.

Eine Ueberdeckung mit geradem Sturz ist im allgemeinen nur bei Eingängen geringer Breite zulässig. Wird die Spannweite grösser, so ist eine kragsteinartige Unterstützung des Sturzes oder eine Ueberspannung desselben mit einem Entlastungsbogen (vgl. Fig. 103 und 110) ratsam.

Hat die Eingangsthüre eine geringere oder nicht grössere Breite als ein darüber befindliches Fenster und ist der oberhalb des Einganges befindliche Mauerkörper von geringer Höhe, so kann man den geraden Sturz ohne besondere Vorsichtsmassregeln anwenden.

Grössere Sicherheit wie die Ueberdeckung mit geradem Sturze, namentlich bei grösseren Thürbreiten, gewährt die bogenförmige Ueberdeckung, die Ueberwölbung in Flachbogen-, Rundbogen- oder Spitzbogenform.

Für reichere Ausbildung findet häufig eine giebelartige Ueberdachung des Hauseinganges durch die sogenannten „Wimperge" Anwendung. Diese Ausschmückung entsprang ursprünglich nicht der Idee der Dekoration, sondern sie ging aus konstruktiven Rücksichten hervor; man strebte durch dieselbe eine Belastung der steilen Bögen an, um sie vor dem Einstürzen zu sichern.

Die Profilierung der Leibungen ist meist eine reichere, tiefer in den Mauerkörper eingeschnittene, als die bei den Fenstern. Sie setzt sich zusammen aus Rundstäben, Hohlkehlen, Plättchen und Kehlen.

An der Uebergangsstelle von der senkrechten in die wagerechte Richtung, also dort, wo der Sturz auf den seitlichen Gewänden aufruht, sind die Rundstäbe der Leibungsprofile ebenso wie wir dies bei den Fenstern beobachten konnten, häufig über die Kreuzungsstellen hinaus verlängert, so dass hier Durchschneidungen der Profile entstehen (vgl. Fig. 103 und 110).

Die anfangs rechteckig abgetreppten Vorlagen gehen später in geschwungene, säulenartige Vorlagen über und in der spätgotischen Zeit werden zwischen die Abtreppungen freistehende Säulchen gestellt. Diese Säulchen sind gewöhnlich in der Schaftmitte in das Mauerwerk eingebunden, um ihre Tragfähigkeit zu erhöhen; aus gleicher Veranlassung wurden auch die von diesen Säulchen ausgehenden freigespannten Bögen durch lange Bindersteine mit den Bögen verbunden.

Die Rundstäbe der Leibungsprofile sind häufig mit Basen und Sockeln versehen (siehe Fig. 103 und 110), oder sie laufen ebenso wie die übrigen Profile auf einer Schräge tot (siehe Tafel 6), auch endigen sie wohl in einem besonderen Profilablaufe, der auf die mannigfachste Weise gestaltet sein kann.

Um das oft überschlanke Verhältnis der Eingänge zu mildern, kann durch Einziehung eines Steinbalkens (siehe Fig. 104 und 110, sowie die Thür auf Tafel 6) ein Oberlicht über der Thür geschaffen werden. Dieses Oberlicht erhält oft masswerkartige Ausbildung.

Namentlich bei den Kirchenbauten des frühen Mittelalters ist dieses Oberlicht häufig durch eine hohe geschlossene Steinplatte, das sogenannte „Tympanon" ersetzt. Diese Platte wird gewöhnlich durch vorspringende Pfeiler mit weit ausladender oberer Auskragung oder durch Konsolen getragen. Sie bot willkommenen Anlass zur Ausschmückung mit figürlichen Darstellungen, bisweilen auch mit Laubwerk.

## Giebelbildungen.

(Hierzu Fig. 105, 111 bis 124 und Taf. 5 und 6.)

Die Giebelmauern schliessen den Dachraum ab, zu dessen Erleuchtung in der Regel Fenster erforderlich sind.

Ein Giebel sollte nur da angebracht werden, wo er durch einen dahinter liegenden Raum begründet erscheint; wo er nur zur Dekoration dient (Ziergiebel), besitzt er keine Berechtigung.

Die Grundform des Giebels ist das gleichschenkelige Dreieck, bei welchem das Verhältnis von Grundlinie zur Höhe durch die Neigung des dahinterliegenden Daches bedingt wird. Letztere ist wiederum abhängig von dem zur Verfügung stehenden Dachdeckungsmaterial und dem Baustile.

Das Bestreben des Mittelalters, bei den Bauwerken vor allem die Vertikale zum Ausdruck zu bringen, die Bauteile schlank gen Himmel ansteigen zu lassen, dann aber auch der Umstand, dass als Dachdeckungsmaterial meist Schiefer kleinen Formates und ungleicher Stärke oder der Dachziegel gewählt wurde, musste eine flachere Neigung als 45° für die Dächer ausschliessen und demgemäss mussten die Giebelkanten in gleicher Steile ansteigen. Meist erheben sich die Giebelkanten gegen die Horizontale unter 60°, sind aber zuweilen noch bedeutend steiler geführt.

Die Giebel können geradlinig begrenzt sein, abgetreppt oder geschweift. Letztere Form kommt in der mittelalterlichen Zeit nur ausnahmsweise vor; sie ist dagegen der Renaissancezeit, namentlich den Bauwerken im Stile der deutschen Renaissance, sowie auch dem Barockstil eigen.

Die Abdeckung der Giebelmauer wird einseitig oder beiderseits abgeschrägt. Dieselbe kann als Quader, lagerrecht aufruhend, gebildet werden (vgl. Fig. 106 und 116) und gibt dann den besten Verband mit der Mauer. Um an Material zu sparen, lässt man indes häufig nur einzelne Bindersteine in das Mauerwerk eingreifen (vgl. Fig. 111) und legt zwischen diese die schwächeren Abdeckplatten. An dem Giebelfusse sind dann besonders kräftige Anfängersteine erforderlich, um ein Abrutschen der Deckplatten zu verhindern.

Der Giebelanfänger muss mit den unter ihm liegenden Steinen so weit auskragen, dass an ihm das Hauptgesimse der Traufseite sich totlaufen kann.

Die Giebelendigung wird durch eine schlanke Spitze (siehe Fig. 123 und die Teilzeichnung auf Taf. 6) oder durch einen besonderen Aufbau (siehe Fig. 105, 111 und 119) ausgezeichnet. Bei den Kirchenbauten des Mittelalters besteht diese Endigung meist in einem Kreuze oder in einer Kreuzblume, auch erhalten die Giebelkanten in ganzer Ausdehnung durch die sogenannten Krabben (aufgerollte Blätter oder ganze Blattzweige) besonderen Schmuck.

Fig. 105 veranschaulicht den Teil einer Wohnhausfassade, von welcher durch die Figuren 106 bis 110 Teile in grösserem Massstabe dargestellt sind. Fig. 105 führt den oberen Teil des Giebels in Vorder- und Seitenansicht sowie im Höhenschnitte vor, Fig. 107 zeigt den Giebelanfang und das im I. Stockwerke des Giebelbaues befindliche Fenster. Das Fenster im Erdgeschoss des Giebelbaues

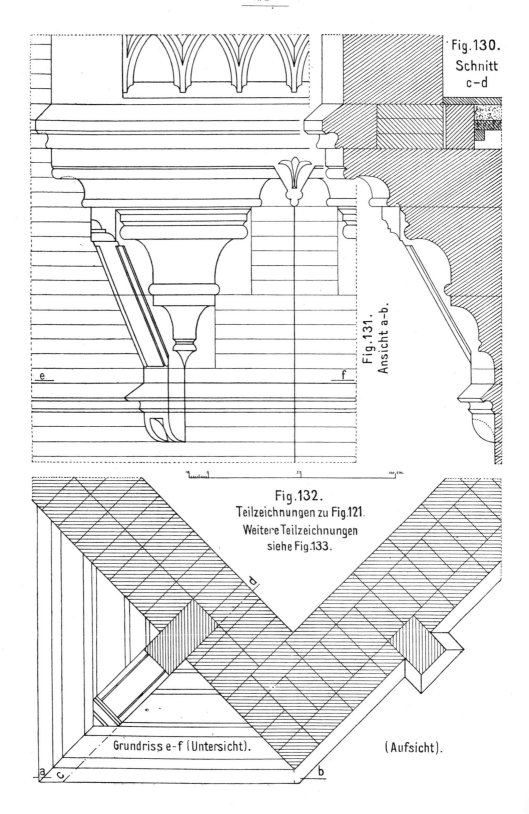

Fig.130.
Schnitt
c–d

Fig.131.
Ansicht a–b.

e

f

Fig.132.
Teilzeichnungen zu Fig.121.
Weitere Teilzeichnungen
siehe Fig.133.

Grundriss e–f (Untersicht).

(Aufsicht).

Fig.133.

Erker über Eck gesehen
Teilzeichnung zu Fig.121.

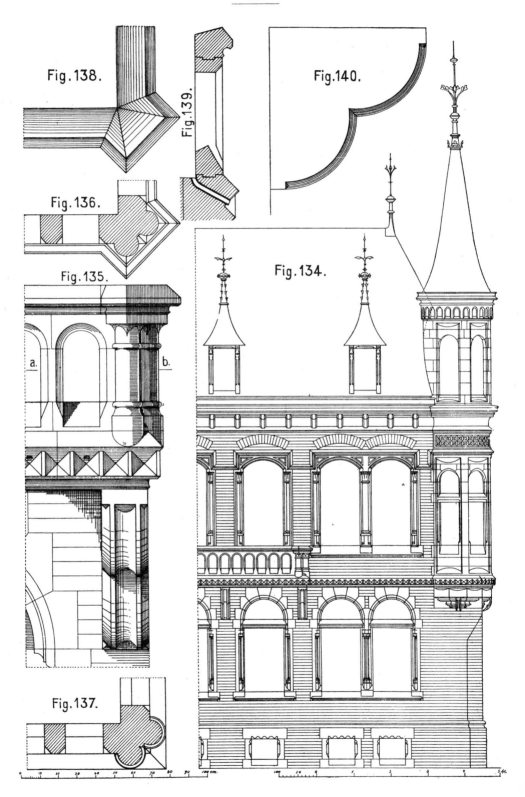

Fig. 138.

Fig. 139.

Fig. 140.

Fig. 136.

Fig. 135.

a.

b.

Fig. 134.

Fig. 137.

Fig.141.

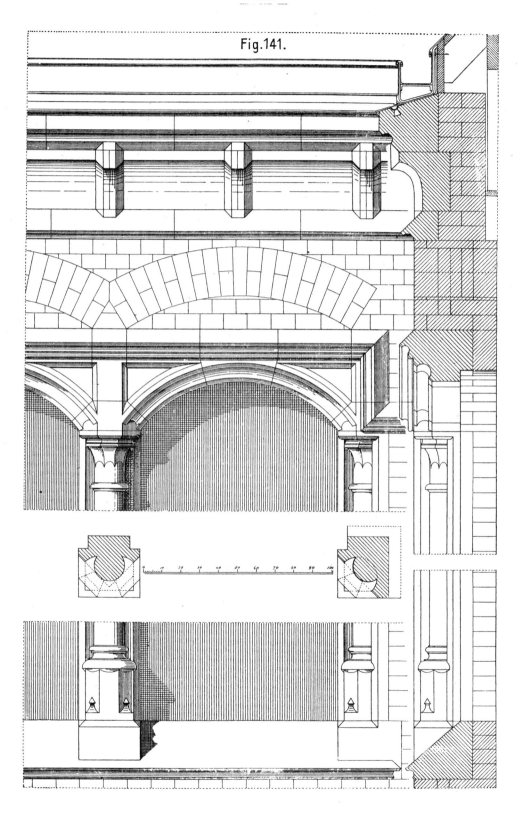

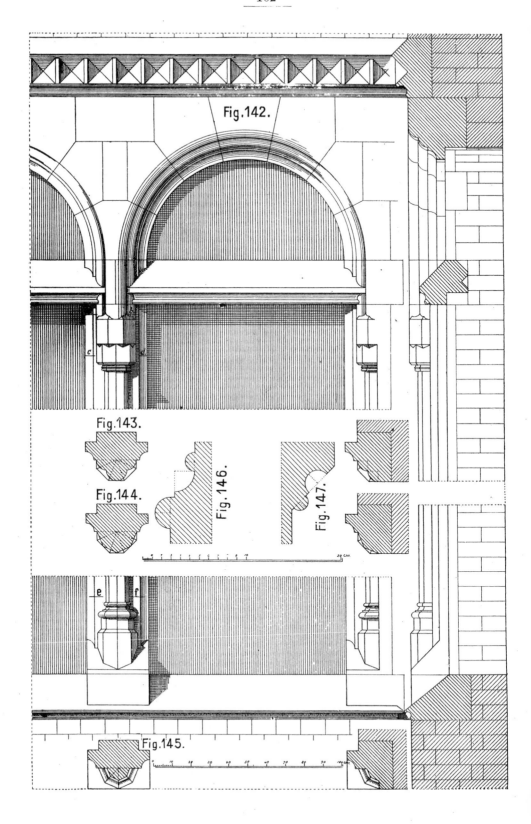

Fig. 142.

Fig. 143.

Fig. 144.

Fig. 146.

Fig. 147.

Fig. 145.

sowie das Fenster im I. Stockwerke des Seitenbaues sind durch die Fig. 108 und 109 wiedergegeben, während die Fig. 110 den Hauseingang vorführt.

Die Figuren 111 und 112 geben den oberen Teil eines Giebels in der Vorder- und Seitenansicht wieder. Die obere Endigung desselben ist durch Fig. 113, der in eigenartiger Weise gestaltete Giebelanfang durch die Figuren 114 und 114a und der obere Teil des dreiteiligen Mittelfensters durch Fig. 115 im Massstabe 1 : 20 näher erläutert.

Einen Giebel mit reicherer, nach unten treppenförmiger Ausbildung des Deckgesimses stellt Fig. 119 dar. Durch die im Massstabe 1 : 20 gefertigten Teilzeichnungen 116 und 117 ist der Giebelanfang und das Deckgesimse in der Vorder- und Seitenansicht, durch die Teilzeichnungen 118 und 120 die Giebel- endigung beziehungsweise das untere zweiteilige Fenster veranschaulicht. Bei dem letzteren sehen wir in der bogenförmig ausgearbeiteten Sturzüberdeckung die Profilierungen sich gegenseitig durchschneiden und durchdringen. Das Ver- dachungsgesimse ist bis zur Höhe der Bogenansätze an den seitlichen Gewänden in senkrechter Richtung heruntergeführt und dann wagerecht verkröpft.

Durch Fig. 121 ist der Teil eines Wohnhauses mit mittlerem Giebelbau an der Gebäudeecke und vorgekragtem Erker im Aufrisse wiedergegeben und dürften alle Teile desselben durch die im Massstabe 1:20 gehaltenen Figuren 122 bis 133 hinsichtlich ihrer formalen und konstruktiven Ausbildung klargelegt sein.

Die Ausbildung des in Staffeln aufsteigenden Giebels veranschaulichen die Figuren 122 bis 124, die Fenster im Mittelbau: die Figuren 125, 126 und 128 (Seite 92 bis 94), die Fenster im Seitenbau: die Figuren 127, 127a, 127b und 129 (Seite 94 und 95) und die Ausbildung des unteren Teiles des Erkers: die Figuren 130 bis 133 (Seite 98 und 99).

Der letztere zeigt rechteckigen Grundriss und seine Frontwände sind unter 45° gegen die Aussenwände des Erdgeschosses derart angeordnet, dass die Gebäudeecke auf die Mitte der Langseite trifft. Zur Unterstützung der gegen die Gebäudefronten vortretenden, im Grundrisse die Form von gleichschenkeligen Dreiecken bildenden Teile dienen Konsolen und Auskragungen, welche tief in das Mauerwerk der Frontwände einbinden.

Fig. 134 macht uns mit einer weiteren Wohnhausfassade bekannt, welche an der Gebäudeecke ebenfalls einen vorgekragten, turmartig über Dach geführten Erkerausbau und in der Mittelachse einen auf Konsolen ruhenden Balkon aufweist.

Die Fenster des Erdgeschosses zeigen hier gerade Sturzüberdeckung, die im Erdgeschoss rundbogige, und die im I. Stockwerke flachbogige Ueberdeckung.

Die Auflagerung des Balkons auf Konsolen und die Gestaltung der letzteren ist durch die Teilzeichnungen Fig. 135 und 140, die Ausbildung der Balkonecke durch die Figuren 135 bis 139 in Aufriss, Grundrissen und Höhenschnitt ver- anschaulicht und zwar stellt Fig. 137 den Grundriss in Höhe der Brüstungs- öffnungen mit Aufsicht auf das Gurtgesimse, Fig. 136 den gleichen Grundriss mit Untersicht gegen das Deckgesimse und Fig. 138 die Aufsicht auf das Deck- gesimse dar.

Die, dem Erkerausbau zunächst liegenden, gekuppelten Fenster des I. Stock- werkes mit dem darüber befindlichen Hauptgesimse sind durch die Teilzeichnung Fig. 141 im Aufriss, Grundriss und Höhenschnitt weiter erläutert. Dass mit

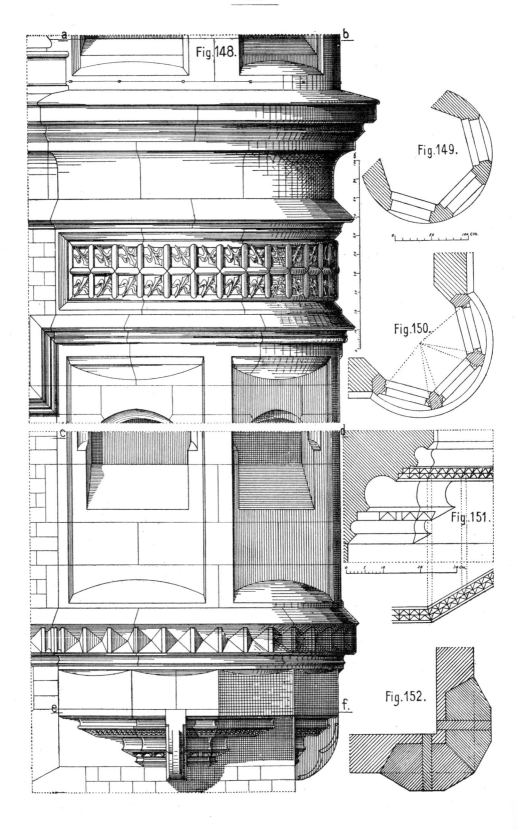

Fig. 148.

Fig. 149.

Fig. 150.

Fig. 151.

Fig. 152.

hoher Hohlkehle kräftig gegen die Gebäudefront vortretende Hauptgesimse ist in Abständen von etwa 70 cm durch konsolenartige Auskragungen unterbrochen.

Die flachbogigen Ueberdeckungen der Fenster stützen sich in der Mitte gegen den Kopf des Fensterpfostens, an den Seiten gegen das Gewände. Der erstere zeigt im Grundrisse einen kräftigen, in flacher Hohlkehle liegenden, Dreiviertel- stab, welcher unterhalb der Bogenansätze in ein Kapitäl von der Grundform eines regelmässigen halben Achteckes übergeht und unten die Form eines Säulen- fusses annimmt. Die seitlichen Gewände sind analog dem Mittelpfosten gegliedert und es ist auch hier den Rundstäben Kapitäl und Säulenfuss gegeben.

Die Figuren 142 bis 147 veranschaulichen die gekuppelten Fenster des Erd- geschosses im Aufriss, Grundrissen und Höhenschnitten. Der Aufriss und der Höhenschnitt (Fig. 142) zeigt den oberen und den unteren Teil der Fenster, Fig. 143 den Grundriss durch Mittelpfosten und Seitenwände in der Höhenlage a — b, also unmittelbar unter dem Kämpfer; Fig. 144 den Grundriss in der Höhenlage c — d mit Untersicht gegen den aufruhenden Teil, Fig. 145 den Grundriss in der Höhenlage e — f mit Aufsicht auf den Säulenfuss und die, in fünffacher Vergrösserung gegenüber dem Massstabe des Aufrisses dargestellten Figuren 146 und 147, die Profilierung am Fusse beziehungsweise am Kopfe des Mittelpfostens.

Die Erkerausbildung ist durch die Figuren 148 bis 152 klargelegt. Die Aufrisszeichnung (Fig. 148) zeigt im unteren Teile die Auskragung des Erkers, die Herumführung des Gurtgesimses und den Anfang der Fensteröffnungen, im oberen Teile die Endigung der Fenster, die Herumführung des Hauptgesimses (bei welchem die Konsolen der Frontwände fehlen) und den Anfang der Fenster im Dachgeschosse. Die Auskragung des Erkers und der Uebergang aus der Grundform eines regelmässigen halben Zwölfeckes in die kreisrunde Grundform ist durch die Figuren 149, 150 und 152 des weiteren veranschaulicht. Die Pro- filierung und kerbschnittartige Ornamentierung der Auskragung ist durch Fig. 151 im Massstabe 1 : 10 dargestellt.

Auf den am Schlusse dieses Bandes zu findenden Tafeln 5 und 6 ist schliess- lich noch der Teil einer Fassade mit vorgekragtem Erkerausbau über dem Haus- eingange veranschaulicht.

Der Erker ruht auf Konsolen (vgl. die Teilzeichnung auf Taf. 6), welche von den seitlich vom Thürgewände vor die Mauerflucht vortretenden Halbsäulen gestützt werden. Eigenartig ist hier der Uebergang aus der kreisförmigen Grund- form der Säulen in die, ein halbes Achteck bildende Grundform des Kapitäls und die über Eck gestellte, ein halbes Viereck bildende Grundform der unteren Konsolendigung, sowie das Herauswachsen der Bogenverdachung über dem Haus- eingange aus der Konsolendigung. Der, in allen Teilen aus Werksteinen herzu- stellende Erker, durchschneidet das weit ausladende, kräftig wirkende Haupt- gesimse (vgl. Aufriss und Grundriss auf Taf. 6) und erhebt sich, als Giebel endigend, bis zum Firste des Hauptdaches. Die Giebelbekrönung ist durch die mit entsprechender Bezeichnung versehenen Teilzeichnungen auf Taf. 6 in Vorder- und Seitenansicht wiedergegeben.

Die vorliegende Arbeit bezweckt durch die Wiedergabe und Erläuterung brauchbarer leicht verständlicher Bauformen, den Schülern der Baugewerkschulen Motive an die Hand zu geben, welche ihnen bei den Uebungen im Entwerfen von Bauteilen oder ganzen Bauwerken im Stile mittelalterlicher Bauweise dienlich sein können.

Der dem Verfasser für diese Abhandlung zur Verfügung gestellte, äusserst knapp bemessene Raum schliesst eine erschöpfende Behandlung des Stoffes aus, auch dürfte es weit über die Ziele einer gewerblichen Fach-Lehranstalt hinausgehen, wollte man von den Schülern derselben ein eingehendes Studium der verschiedenen Baustile verlangen.

Die Schüler sollen und können vielmehr nur angeleitet werden, das Charakteristische der einen von dem einer anderen Stilrichtung sicher zu unterscheiden, damit sie bei dem Entwerfen nicht aus Unkenntnis die Formen verschiedener Stilarten durcheinander würfeln.

Dieses Entwerfen an Baugewerkschulen kann sich begreiflicherweise nur auf Profanbauten der einfachsten Art — in erster Linie also auf das bürgerliche Wohnhaus — erstrecken, so dass alle Monumentalbauten, seien sie für kirchliche oder weltliche Zwecke, von vornherein auszuschliessen sind.

Demgemäss sind die hier vorgeführten Formen thunlichst für solche einfacheren Profanbauten gewählt, auch ist ein Eingehen auf dekorative Ausschmückung der Bauteile durch das Ornament nahezu ganz vermieden.

Solchen, die nach Absolvierung der Bauschule sich durch eingehenderes Studium mittelalterlicher Bauweisen weiterbilden wollen, sei vor allem der Besuch einer unserer technischen Hochschulen, sowie ein gründliches Studium der Werke G. G. Ungewitters, Redtenbachers und des Franzosen Eugène Emmanuel Viollet le Duc anempfohlen.

Einer kurzen Besprechung der Entwickelung mittelalterlicher Bauweisen glaubte ich jedoch nicht entraten zu können, um den Schülern das Werden und Wesen dieser Kunstepoche verständlich zu machen.

Möge diese Arbeit, welche weit davon entfernt ist, irgendwelche unberechtigte Ansprüche auf erschöpfende Behandlung des Stoffes zu machen, — einige Teile des mittelalterlichen Werksteinbaues, wie die Masswerkkonstruktionen, die Ausbildung und Anordnung der Kreuzblumen, Krabben, Kapitäle und Säulenfüsse, mussten leider gänzlich ausser acht gelassen werden, — dennoch dem Baugewerkschüler bei seinem Schaffen ein willkommenes Hilfsmittel sein, möge sie ihn anregen und befähigen, sich zum eigenen Nutzen und dem des bauenden Publikums weiter zu bilden, wenn er die Schule verlassen hat und in die Praxis zurückgekehrt ist.

# Der Werksteinbau

## in Renaissanceformen.

Verfasser: Architekt Hans Issel.

---

## 1. Allgemeines.

### a) Das Werkstein-Material.

Im Werksteinbau finden sowohl harte als auch weiche Gesteinsarten Verwendung. Der Wetterbeständigkeit halber müsste man den harten Steinen den Vorzug geben, sie sind aber meist zu schwer zu bearbeiten.

Granit und Syenit, zu den harten Steinen gehörig, bilden ein vorzügliches Baumaterial, lassen sich auch leicht polieren, aber nur schwer profilieren.

Der Serpentin gehört, wie die vorher genannten, zu den Eruptiv-Gesteinen. Er ist politurfähig und lässt sich leicht bearbeiten, so lange er noch seine natürliche Feuchtigkeit besitzt. Später erhärtet er an der Luft und wird sehr wetterbeständig. Seine Hauptverwendung findet er zu Wandbekleidungen und Säulen.

Der Trachyt ist als Werkstein nur zu empfehlen, wenn er möglichst wenig Feldspatkristalle enthält, die seine Wetterbeständigkeit, wie man am Kölner Dome gesehen hat, stark schädigen. Er lässt sich leicht bearbeiten für Plattenbekleidungen, Säulen, Fenstersohlbänke etc. etc.

Die ausgedehnteste Verwendung zu Werkstein-Formsteinen finden die weichen Gesteinsarten der Sand- und Kalksteine, sofern sie feines und dichtes Korn aufweisen und wetterbeständig sind.

Von der ersten Art bevorzugt man die Sandsteine mit eckigem Quarz und wenig kieseligem Bindemittel. Sie sind die härtesten und dauerhaftesten. Weniger gut sind Sandsteine mit thonigem Bindemittel und solche mit Glimmer. Bruchfeuchte Steine erhärten an der Luft und auf Lager. Sie werden fester und dauerhafter.

Kieselige und dichte Steine trocknen langsamer, als kalkige und poröse.

Thonige und eisenschüssige Steine saugen in feuchter Luft Wasser an und sind deshalb nicht frostbeständig.

Der gute Sandstein soll nicht spröde und splitterig sein. Gleichmässige Struktur, Härte und Farbe müssen ihm eigen sein. Er soll sich nicht mit Moos und Algen überziehen, sich gut bearbeiten und schön schleifen lassen.

Zu den Kalksteinen gehören vor allen Dingen die Marmorarten, von denen der Statuenmarmor (weiss) und der Architekturmarmor die bekanntesten und polierfähigsten sind.

Der gemeine Kalkstein ist nicht polierfähig. Gute Hau- und Bildhauersteine geben die sandsteinartigen Grobkalke des Wiener und des Pariser Beckens.

Alle Kalksteine sind aber nicht feuerfest, deshalb zieht man im allgemeinen den Sandstein vor. Die berühmtesten Kalksteine sind die französischen Rogenkalke, wie Savonnières, Courson, Larrys und Echaillon, von denen besonders der erste so weich aus dem Bruche kommt, dass er mit der Zahnsäge geschnitten und mit dem Schleifhobel geglättet werden kann. Er wird erst nach dem „Versetzen" an Ort und Stelle bearbeitet und erhärtet später an der Luft.

### b) Die Bearbeitung der Werksteine.

Harte, grobkörnige und poröse Gesteinsarten eignen sich nur für eine derbe und einfache Formenbehandlung, weiche und feinkörnige gestatten eine feinere Ausarbeitung.

In der Praxis unterscheidet man je nach der verschiedenartigen Behandlung der Werksteine einfache oder glatte Arbeit, profilierte Arbeit, reich profilierte Arbeit und Bildhauerarbeit.

Einfache Arbeit erfahren alle Werkstücke, die nur auf einer Seite, entweder eben oder in Bogenflächen, bearbeitet werden. Hierher gehören die Quaderungen mit und ohne Rustika, alle glatten Bänder, glatte Fenster-Einfassungen, glatte Friese u. s. w.

Als profilierte Arbeit bezeichnet man solche an Werksteinen, die auf zwei Seiten bearbeitet und profiliert sind, mithin alle Gesimse, die profilierten Fenster-Einfassungen, Bogen-Einfassungen, Friese, Eckquader mit Diamantspiegel u. s. w.

Mit reicherer profilierter Arbeit versehen sind solche Werksteine, die auf drei oder auf allen Seiten bearbeitet sind, also alle freien Endigungen, Säulen, Werkstücke mit einfacheren Ornamenten, ferner Voluten- oder Schneckenbildungen, Kapitelle u. s. w.

Bildhauerarbeit heisst alles, was die vorher aufgeführten Bedingungen überschreitet. Hierfür werden besondere Zulagen gewährt (vgl. S. 92: Taschenbuch für Hochbautechniker von H. Robrade. Leipzig, Bernh. Friedr. Voigt).

### c) Die Fehler der Werksteine.

Wenn die Werksteine fertig gehauen von auswärts zur Baustelle geliefert werden, so tragen sie mitunter Mängel an sich, die ihre Verwendung am Bau nicht ratsam erscheinen lassen. Sie werden also „ausgeschossen".

Das Verkitten. Die natürlichen Steine zeigen oft bereits im Steinbruche Löcher, die schlecht aussehen oder Sprünge, die das Ablösen kleinerer Stücke bewirken. Die Arbeiter, die meist auf Akkord arbeiten, verdecken den Verlust durch sofortiges Kitten mit Zement, Schellack oder mit patentierter Kittmasse.

Oder der Stein hat Haarrisse und zerspringt bei dem Bearbeiten, so wird er ebenfalls im Steinbruche gekittet. Die gekittete Fläche wird dann ordentlich abgeschliffen.

Solche Kittstellen und Haarrisse erkennt man, wenn man die Fläche des Steines tüchtig annässt. Es werden dann diese Stellen dunkler erscheinen, wenn Haarrisse vorhanden sind und heller, wenn Zementkittungen stattgefunden haben. Ausserdem hat ein solcher Stein fast immer einen dumpfen, hohlen Klang.

### d) Die Stärken der Werksteine.

Bei unseren Wohngebäuden werden wir in Verbindung mit der aufgewendeten Werkstein-Architektur noch eine Hintermauerung nötig haben; denn die Wände ganz aus Haustein zu machen, wird niemandem einfallen. Diese Hintermauerung geschieht durch Ziegelsteine. Der Werkstein muss nun in gutem Verbande mit dieser Hintermauerung aufgeführt werden und daher ist eine Hauptregel für die zu bemessende Höhe der Werksteine die, dass sie immer gleich einer bestimmten Anzahl von Ziegelsteinschichten sein soll.

Im Gebäudesockel allerdings, unterhalb des Sockelgesimses, wo wir einen härteren Stein zu verwenden pflegen, könnten auch lagerhafte Bruchsteine zur Hintermauerung dienen. Man kann hier für den Werkstein auch h o h e Schichtung nehmen, und muss sich nach der Dicke richten, in der die Steine im Bruche am besten gebrochen und bearbeitet werden können.

Oberhalb des Sockelgesimses wird bei Anwendung von Werkstein-Architekturen häufig die Wand mit Verblendsteinen bekleidet. Hier richten sich alle Werksteinschichten (Quader, Gesimse etc.) nach der Höhe der Ziegelsteinschichten. Für die Lagerfugen der Werksteine rechnet man dabei nur 5 mm.

| | | | | |
|---|---|---|---|---|
| 1 | Backsteinschicht | + Fuge | = | 7,7 cm |
| 2 | Schichten | + „ | = | 15 „ |
| 3 | „ | + „ | = | 23 „ |
| 4 | „ | + „ | = | 31 „ |
| 5 | „ | + „ | = | 39 „ |
| 6 | „ | + „ | = | 46 „ |
| 7 | „ | + „ | = | 54 „ |
| 8 | „ | + „ | = | 62 „ |
| 9 | „ | + „ | = | 69 „ |
| 10 | „ | + „ | = | 77 „ |
| 11 | „ | + „ | = | 85 „ |
| 12 | „ | + „ | = | 92 „ |
| 13 | „ | + „ | = | 100 „ |

Man rechnet immer von Oberkante Ziegelstein zu Oberkante Ziegelstein.

Es sind also Werksteinbänder von drei Ziegelschichten Höhe = 23 cm — 0,5 cm = 22,5 cm hoch.

Ebenso sollen die Werksteine in die Mauer selber nach Ziegelsteinmass einbinden, so dass Flickwerk im Innern der Mauer vermieden wird.

Selbstredend muss auch die Höhe eines Werksteines zu seiner Länge im richtigen Verhältnis stehen, damit er nicht zerdrückt wird, also Länge zur Höhe etwa wie 1 : 2 bis 1 : 3, sehr starke Steine 1 : 4 bis 1 : 5.

### e) Das Versetzen der Werksteine.

Alle Werksteine aus natürlichen (gewachsenen) Steinen müssen beim Vermauern stets auf ihre natürliche Lagerfläche gelegt werden, die bereits im Bruche vor der Bearbeitung die Unterfläche war. Diese untere Fläche heisst das untere, seine obere das obere Lager des Steines. Die Vorderansicht des Werksteines, z. B. eines Quaders, heisst das vordere Haupt, die in der Mauer liegende Fläche bildet das hintere Haupt des Werksteines. Nur unbelastete Bekleidungsplatten stellt man aufs Haupt, schützt sie aber durch eine Deckplatte und durch eine untere Lagerplatte.

So weit man die Werksteine nicht an den Ort ihrer Bestimmung tragen oder auf untergelegten Walzen hinbefördern kann, muss man Transportwagen mit Schienengeleise zur Hülfe nehmen. Zum weiteren Versetzen bedient man sich verschiedener Hebegeschirre*).

Das Kranztau. Weiche Steine hebt man, indem man ein Tau zweimal herumschlingt und den Stein an den Haken des von der Bauwinde herabhängenden Seiles hängt. Die Kanten des Steines werden dabei durch untergelegte Strohbüschel geschützt (Fig. 1).

Der kleine Wolf. Zum Heben von härteren Steinen benutzt man den sogen. „Wolf". Er hat ein keilförmiges Mittelstück und zwei gleichstarke Seitenstücke; alle drei Stücke sind durch ein Eisenband zusammengehalten (Fig. 2 u. 3).

Der grosse Wolf. Für schwerere Stücke ist ein „Wolf" empfehlenswert, der aus zwei Seiten- und einem Mittelstücke, einem starken Bügel und einem zugehörigen Splintbolzen besteht (Fig. 4). Das zu seiner Aufnahme ausgearbeitete Loch ist konisch, mindestens 12 bis 15 cm tief und muss möglichst über dem Schwerpunkte des Werkstückes liegen. Nach Einbringung der Seitenstücke folgt das Mittelstück, das bis auf den Grund des Loches gestossen wird. Tröckener

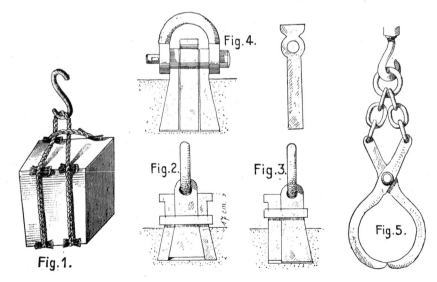

Fig. 4.

Fig. 2.

Fig. 3.

Fig. 5.

Fig. 1.

*) Vergl. Robrade, Taschenbuch für Hochbautechniker. Dritte Aufl. Seite 153 u. ff. Verlag von Bernh. Friedr. Voigt in Leipzig.

scharfer Sand, in die Fugen zwischen Stein und Eisen gebracht, vermehrt die Reibung.

Die Teufelsklaue fasst den Werkstein an seinen Seitenflächen mit zwei Spitzen, für die entsprechende Löcher eingehauen sind (Fig. 5).

Ausser den genannten Hebegeschirren hat man noch den Kniehebel oder die Steinzange im Gebrauch, wobei der Stein an seinen Seitenflächen mit flachen Backen gefasst wird. Vor seinem Gebrauche muss man aber warnen, da er nicht sicher genug wirkt und bei Erschütterungen im Hebeseile den Stein fallen lässt.

Grössere Werksteine hebt man mit der Bauwinde und kleinere mit dem Flaschenzug.

Sind die Werkstücke trocken nach der Schnur und dem Lot versetzt worden, wobei untergelegte Bleiplättchen oder Dachpappen-Streifen verwendet werden, so sind ihre Stoss- und Lagerfugen mit Lehm zu dichten. Dann wird ein nicht zu dünnflüssiger Zementmörtel in die Fugen gebracht. Bei Sandstein nimmt man besser hydraulischen Kalkmörtel mit Zementzusatz (z. B. Weisskalk mit Ziegelmehl). Um das Durchschlagen von Feuchtigkeit zu verhindern, streicht man die in die Mauer einbindenden Seiten der Werksteine mit heissem Goudronteer an.

# 2. Die Kunstform des Werksteines.
## (Fig. 6 bis 15.)

Die italienische Renaissance. Unsere modernen Architekturformen, soweit sie sich nicht an die mittelalterlichen Stilarten anschliessen, haben ihren Ursprung in der römischen Antike und sind uns durch eine Kunstepoche übermittelt worden, die zugleich den Anfang der neuesten Welt- und Kulturgeschichte bezeichnet und die wir die „italienische Renaissance" zu nennen pflegen. Renaissance heisst „Wiedergeburt", in unserem Falle also Wiedergeburt der klassischen römisch-griechischen Formensprache auf dem Gebiete der Baukunst. Mit derselben aber ging Hand in Hand eine gewaltige Umwälzung in der gesamten Lebensanschauung, auf allen geistigen und wissenschaftlichen Gebieten, die sich nicht auf Italien allein beschränkte, sondern ebenso die ganze zivilisierte Welt erfasste.

In ihrem Gefolge sehen wir dann auch einschneidende Veränderungen auf künstlerischem Gebiete sich vollziehen, so dass man von einer Renaissance-Bewegung in Frankreich, Deutschland, England u. s. w. sprechen kann, die in jedem dieser Länder durch die Vermischung mit der heimischen Kunstweise eine besondere Erscheinung gewann.

Diese würde ohne Kenntnis des Ursprunges unverständlich sein. Deshalb halten wir es für wichtig und für durchaus geboten, den Jünger der Baukunst zunächst mit den leicht verständlichen und durch bestimmte Gesetze gebundenen Bauformen der italienischen Renaissance bekannt zu machen. Denn diese Formenkenntnis wird ihm, wie ein alter Schulmann richtig sagt, gleichsam als eine Schutzimpfung gegen bauliche Formenthorheiten und Modekrankheiten der Baukunst dienen. Das edle Formenverhältnis lehrt uns allein das Studium der italienischen Kunst. Diese Kenntnis zu übertragen auf die heimische Kunstweise, sie festzuhalten auch für die einfacheren Aufgaben unserer bürgerlichen Baukunst, von ihr sich leiten zu lassen bei den Anregungen der Phantasie, die heutzutage in gar mannigfaltiger und mehr oder weniger launenhafter Form auftreten, ist die Aufgabe des geschulten Bautechnikers. Sehen wir uns nun in Kürze die geschichtliche Entwickelung dieser Renaissance-Kunst näher an.

Während des ganzen Mittelalters waren die in den italienischen Städten ansässigen Kaufleute die Vermittler des Handels zwischen Westeuropa und dem Orient. Durch den hierbei erworbenen Reichtum wurden sie zu den eigentlichen Herren Italiens. Mit dem höheren Lebensgenusse verband sich bei ihnen das Streben nach höherer Bildung, gefördert durch das Studium der römisch-griechischen Litteratur.

Es entstanden hierdurch selbstbewusste, freie Persönlichkeiten, die sich in den Mittelpunkt des geistigen und wirtschaftlichen Lebens stellten. Die Erinnerung an die einstige Grösse Roms, angeregt durch zahlreiche Monumente, machte den Wunsch nach der Wiederbelebung der antiken Herrlichkeit mächtig rege. Es entwickelte sich ein Wetteifer unter den italienischen Städten Florenz, Siena, Pisa, Mailand, Verona u. a., durch grossartige Bauwerke zugleich ihren eigenen Ruhm auf das Höchste zu steigern.

Die alten römischen Baureste wurden gemessen, aufgezeichnet und verglichen. Das Ergebnis fasste man zu einem Canon der Architektur zusammen, der den Zweck hatte, zu lehren, wie man ein Bauwerk in schönen Verhältnissen der einzelnen Teile untereinander schaffen konnte. Architekturlehrer wie L e o n B a t t i s t e A l b e r t i, traten auf und betonten vor allem die Harmonie der einzelnen Teile. Das Kranzgesims soll ununterbrochen eines sein, fein abgestimmt zum Ganzen und zu den einzelnen Stockwerken. Die Wucht des Sockels, die Massigkeit des Erdgeschosses, das schöne Verhältnis der Fenster, der Pilaster u. s. w. wurde bei dem Aufbau der Fassade zur beachtenswerten Hauptsache erhoben. Zur Anwendung gelangten diese Regeln zunächst an den zahlreichen Palastbauten des Adels und der reichen Kaufmannschaft in den oberitalienischen Städten (Fig. 6 bis 9). Die gesamte Fassade, deren einzelne Teile weiter unten in den einschlägigen Abschnitten näher besprochen werden, macht durch ihre gewaltige Einfachheit, sowie durch ihre strenge Regelmässigkeit eine grossartige Wirkung da, wo sie allein steht und als ein Zeugnis des Reichtumes und der Macht des Erbauers die umliegenden Bürgerhäuser weit überragt. Bedingt wird diese Wirkung allerdings durch die Echtheit des Materials und durch die fein abgewogenen Verhältnisse der geschlossenen Mauermassen zu den Oeffnungen. Diese erste Periode der Baukunst bezeichnet man als F r ü h r e n a i s s a n c e; die Baukunst der folgenden Jahre von 1500 bis etwa 1540 pflegt man als H o c h r e n a i s s a n c e zu bezeichnen. Die Zeit des Suchens ist vorüber, die höchste künstlerische Errungenschaft auf dem Gebiete des Bauwesens und der zugehörigen Künste, der Malerei und Plastik, ist erreicht. Ein durchaus monumentaler Sinn beherrschte Bauherren und Baumeister. Es entwickelte sich die Kunst der Verhältnisse im Grossen. Die Säulenordnungen der einzelnen Stockwerke fügen sich zu schöner Gesamtwirkung aneinander; sie beleben die Wand und dienen allein als Ausdruck ihrer Bestimmung, nämlich des Tragens (Fig. 10). Das Quadermauerwerk wird flach, oft nur andeutungsweise behandelt. Die Wandfläche erscheint auch als regelmässiges Ziegelmauerwerk und nur die Ecken sind durch Quaderketten verstärkt. Dafür nahmen die Fenster und Portale jetzt reicheres Rahmenwerk an. Pilaster und Säulen umsäumen dieselben und Giebel setzen sich als Bekrönung darauf. Die Brüstung besteht aus Postamenten mit zwischen gestellten Docken. So wird das Fenster mit seiner architektonischen Gestaltung zum selbständigen Bauteil.

Die Periode der Hochrenaissance rechnen wir etwa bis zur Mitte des 16. Jahrhunderts; ihre Formensprache zeigt stets eine gewisse Strenge und ein besonnenes Masshalten. Das änderte sich gegen das Ende des 16. Jahrhunderts. Zwar wollte man auch jetzt noch auf antiker Grundlage weiterbauen, aber man wendete dazu andere Mittel an. Säulen und Halbsäulen ersetzten nun die Pilaster und die Wandstreifen an den Fassaden. Dabei gewannen die Thür- und Fenster-

Fig. 6.  Fig. 7.

rahmen immer stärkere Profilierungen. Alle Erscheinung wurde auf den Effekt berechnet und in das Spiel der ornamentalen Kunst hineingezogen. Selbst die Säule mit ihrem zugehörigen Gebälk wurde jetzt zur ornamentalen Zuthat, zum reinen Schmuckgliede an der Fassade. Man verband und verkröpfte sie nach Belieben, verlängerte sie oder bauschte sie durch angehängte Fruchtschnüre und Masken zu wulstiger Form auf, die Giebel wurden geknickt und geschweift, alle feste Architektur geriet in Bewegung und in malerischen Schwung. Man kann sagen, dass am Ende des 16. Jahrhunderts die ursprüngliche Bedeutung der antiken Zierform, auf der doch die Renaissance beruhte, fast gänzlich vergessen war.

Fig. 8.          Fig. 9.

Die Renaissance in Deutschland. Nach Deutschland kam die Renaissance erst um die Zeit ihres beginnenden Verfalles, also gegen die Mitte des Jahrhunderts. Am frühesten und vollständigsten nahm zunächst das Kunsthandwerk die fremden Formen auf. Ihm folgte erst langsam die Baukunst nach. Die für Deutschland politisch und religiös aufgeregte Zeit, die erste Hälfte des 16. Jahrhunderts, war auch einer lebhafteren Bauthätigkeit wenig günstig. Ausser den Säulenordnungen, die als Holzschnitte in Buchform über die Alpen nach Deutschland kamen, war auch das Material an Renaissanceformen, das die Deut-

Fig 10.　　　　　Fig. 11.

8*

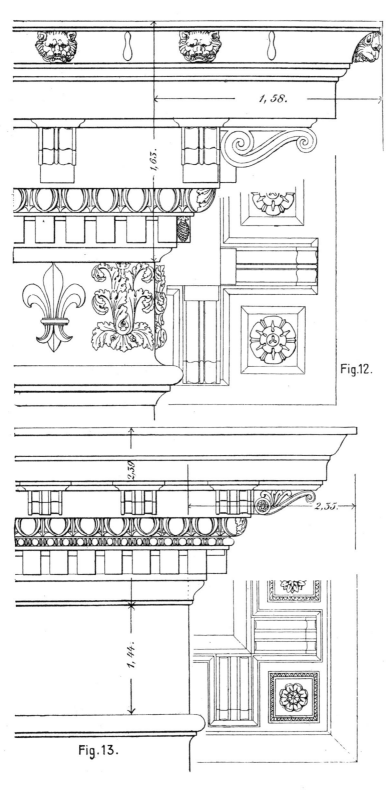

1, 58.

1,63.

Fig.12.

Hauptgesims
vom
Palazzo Farnese
in Rom
von
Michel Angelo.

2,50.

2,35.

1,44.

Hauptgesims
vom
Palazzo Strozzi
in Florenz
von
Simone Cronaca.

Fig.13.

schen während der ersten zwei Jahrzehnte erhielten, ein ziemlich beschränktes. Die Folge davon war, dass sie es auf eigene Faust weiter ausbildeten und mit Zuthaten aus dem heimischen Stil, aus dem Spätgotischen, versetzten. Es entstand hierdurch eine ganz eigenartige, äusserst reizvolle Verbindung an sich widersprechender Teile, eine Verbindung, die besonders in Nürnberg originelle Schöpfungen hervorrief, die heutzutage sich einer besonderen Beliebtheit erfreuen (vergl. Fig. 14 und 15).

(Fig. 14 Verkleinerung aus: „Das Steinmetzbuch" von K r a u t h und M e i e r.)

Als gegen die Mitte des Jahrhunderts von den Fürsten italienische Künstler in das Land gezogen wurden, konnte es nicht ausbleiben, dass ihre Thätigkeit einen grossen Einfluss auf ihre Umgebung gewann. Daraus ist es erklärlich, dass die jetzt in grösserer Menge entstehenden deutschen Baudenkmale eine Reichhaltigkeit des ornamentalen Beiwerkes entwickelten, die ohne gleichen ist. Zu Gunsten kam eben der neuen Bauweise die Leistungsfähigkeit der deutschen Steinmetzen, die bereits in der Bauhütte zur Blütezeit der Gotik zur höchsten Vollkommenheit entwickelt war.

Ihren eigenartigsten Ausdruck gewann diese Renaissance in Deutschland in der Ausgestaltung des Giebels, der bei der eigentümlichen Bauart der deutschen Städte die Fassade des Hauses bilden musste. Er wurde bald der Sammelpunkt alles phantastischen Schmuckes, dessen der Baumeister fähig war, während die übrige Fassade oft ziemlich einfach gehalten und meist nur der Eingang durch besondere architektonische Umrahmung hervorgehoben war. (Näheres siehe weiter unten „Der Giebel".)

Von einer einheitlichen Entwickelung der Renaissance-Baukunst in Deutschland kann aber um so weniger die Rede sein, als die kurze Blütezeit nur wenige Jahrzehnte gewährt hat. Dazu kamen die politischen und religiösen Gegensätze, die landsmannschaftlichen Gewohnheiten, die mehr oder weniger beliebten Berührungen mit der Gotik, allerlei Launen der fürstlichen, magistratischen und privaten Bauherren, — Eifersucht und das Streben nach Besonderem (vergl. die Abhandlungen von Prof. J u l. L e i s s i n g über die Renaissance in Deutschland).

Grosse Palastbauten, wie sie die italienischen Patrizierfamilien errichteten, kamen in Deutschland nicht vor. Eines der reichsten Patrizierhäuser aus jener Stilperiode ist das Pellerhaus in Nürnberg, von dem wir in Fig. 14 die Vorderansicht und in Fig. 15 die Rückseite und einen Schnitt durch die Arkaden des Hofes wiedergeben. An dieser Fassade vereinigen sich im Aufbau alle Hilfsmittel der italienischen Renaissance-Architektur, nur mit dem Unterschiede, dass hier alles zierlich und klein behandelt werden musste. Rustica, dorische, ionische, korinthische Pilaster, Hermen und Karyatiden bilden den Aufbau der einzelnen Stockwerke, der mit dem mächtigen Giebel und seiner phantastischen Volutenbildung seinen Abschluss findet. Der berühmteste Bau der Renaissance in Deutschland ist das Heidelberger Schloss, das in seinen zwei architektonischen Hauptteilen, dem Otto Heinrichsbau (1549 bis 1559) und dem Friedrichsbau (1601 bis 1607), recht deutlichen Beweis liefert von den Vorzügen, aber auch von den Mängeln der schaffenden Architekten jener Zeit. Unverstandene Antike mischt sich auch hier mit einer gewissen Meisterschaft in der Mache.

Mit dem Anfange des 17. Jahrhunderts ging dann auch hier wie bereits vorher in Italien die Baukunst zu den Barockformen über, die hundert Jahre

Fig. 14. Das Pellerhaus zu Nürnberg.

später, allerdings meist nur für die inneren Dekorationen, durch das sogenannte Rokoko abgelöst wurden. Beide Richtungen finden hier keine nähere Beachtung, da es den Rahmen dieses Handbuches weit überschreiten würde, wollten wir eine Stilrichtung behandeln, die eine gründliche Kenntnis der italienischen Hoch- und Spätrenaissance und, bei reichen äusseren Mitteln, eine Meisterschaft in der Beherrschung der architektonischen Schmuckform voraussetzt.

## 3. Das profilierte Quadermauerwerk (Rustica).

### a) Geschichtliches.

Das Quadermauerwerk mit gleichmässig durchlaufenden Horizontalschichten und bossierten Steinen entwickelte sich im 14. Jahrhundert an der florentinisch - sienesischen Palastfassade. Man bezeichnet diese einfachste und strengste Fassadengestaltung als toskanische Rusticafassade. Sämtliche Wandflächen wurden hierbei durch mächtige Bossagen (am Palast Pitti in Florenz z. B. 8 m lange Werkstücke mit Bossen von

Fig. 15.

90 bis 100 m Ausladung) belebt, die aber im Anfange ungleich hohe Schichten-reihen bildeten (Fig. 6), später gleiche Höhe und regelmässige Steinlagen zeigten. Dann wurden die Quaderschichten von unten nach oben stockwerkweise schwächer werdend dargestellt (Fig. 8), bis sie der Anordnung von Wandpilastern sich unter-ordnen mussten. Hierbei wurden die Spiegel ganz glatt und nur die Fugen kommen noch zur belebenden Geltung (Fig. 7).

Im 15. Jahrhundert wurde dann die stark ausladende Rustica ganz auf-gegeben. Die Mauerflächen wurden in Ziegelverblendung ruhiger behandelt und nur noch die Ecken durch Eckverzahnungen hervorgehoben (Fig. 9 und 11).

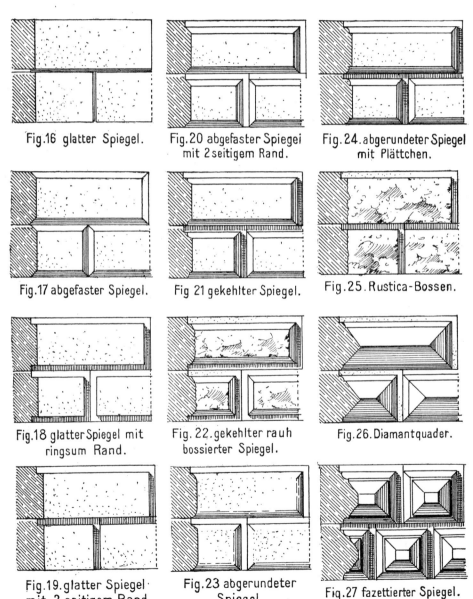

Fig. 16 glatter Spiegel.

Fig. 20 abgefaster Spiegei mit 2 seitigem Rand.

Fig. 24. abgerundeter Spiegel mit Plättchen.

Fig. 17 abgefaster Spiegel.

Fig 21 gekehlter Spiegel.

Fig. 25. Rustica-Bossen.

Fig. 18 glatter Spiegel mit ringsum Rand.

Fig. 22. gekehlter rauh bossierter Spiegel.

Fig. 26. Diamantquader.

Fig. 19. glatter Spiegel mit 2 seitigem Rand.

Fig. 23 abgerundeter Spiegel.

Fig. 27 fazettierter Spiegel.

### b) Die Herstellung der Quadern.

Die einzelnen Werkstücke, die roh behauen (bossiert) aus dem Steinbruche kommen, werden vom Steinmetz zunächst nach allen Seiten an den Ecken und Kanten mit dem Schlageisen abgerichtet. Sodann unterliegen sie der feineren Bearbeitung, je nachdem sie gekrönelt oder scharriert erscheinen sollen. Das hintere Haupt bleibt meist unbearbeitet, d. h. es wird in bossiertem Zustande vermauert. Die gekrönelten (fein gepickten) Flächen erhalten einen scharrierten (gestreiften) Rand, weil beim Kröneln die Kanten leicht abspringen. Die Werkstücke können auch mit einem grobkörnigen Sandsteine geschliffen werden. Harte Steine, Granit u. s. w. werden mit dem Stockhammer gestockt und später geschliffen und poliert. Platten werden gesägt. Die Aussenflächen und die Gliederungen werden nach Zeichnung behandelt. Hierzu wird das zu gebende Profil in natürlicher Grösse als Schablone aus Zinkblech Nr. 9 ausgeschnitten, an die Stossflächen angelegt und fertig ausgearbeitet. Zuletzt werden die Löcher für die Klammern oder die Dübel eingehauen.

Die unteren Lager müssen gänzlich im Winkel gearbeitet sein, die Stossfugenflächen wenigstens auf 9 bis 10 cm Tiefe. Sogenannte unterhauene Fugen, die beim Versetzen mit Steingruss und Zement ausgekeilt werden, sind verwerflich.

Die sichtbaren Fugen von 5 mm Breite zwischen zwei Quadern liegen entweder so, dass die Werksteine im Verbande gleich wie Backsteine vermauert erscheinen und ihre Trennung nur durch das Auskratzen der Mörtelfuge bewirkt wird (Fig. 16). Oder diese Trennung der einzelnen Quader voneinander ist durch einen 2 bis 3 cm breiten geschlagenen Rand gekennzeichnet, der jeden Stein ringsum begrenzt (Fig. 18).

Bei kräftigen Quaderspiegeln ist ein solcher Rand nur an der oberen und rechten Quaderseite angeschlagen und die Mörtelfuge verschwindet gänzlich für den Anblick (Fig. 19 bis 21 und 23 bis 27).

### c) Die Sicherung des Quaderverbandes.

Quaderverkleidung und Hintermauerung sollen gut miteinander verbunden sein. Dies geschieht dadurch, dass, wie bereits erwähnt, die Höhe der Quaderschichten sich genau den Backsteinschichten anschliesst (Fig. 28).

Jede Quaderschicht kann aus Läufern und Bindern bestehen, die in ein und derselben Schicht wechseln (Fig. 29 und 30).

Die hinter den Läufern und Bindern, sofern letztere nicht durch das ganze Mauerwerk hindurchgehen, verbleibende Hintermauerung soll mit richtigem Backsteinverbande ausführbar sein, also kein beliebiges Flickwerk ergeben.

Man kann auch in ein und derselben Schicht zwischen zwei bis drei Läufer einen Binder legen und mit den Bindern dann selbstredend in der nächsten Schicht wechseln (Fig. 30).

Schliesslich können auch Läufer- mit Binderschichten wechseln. Die einzelnen Werksteine werden dabei für das Versetzen auf dem Bauplatze numeriert und zwar in zweifacher Weise. Die römische Zahl bezeichnet die entsprechende Schicht, die arabische die Reihenfolge der Steine. Hierbei sind die Fig. 67, 69 und 70 Binderschichten, die Fig. 68 Läuferschicht.

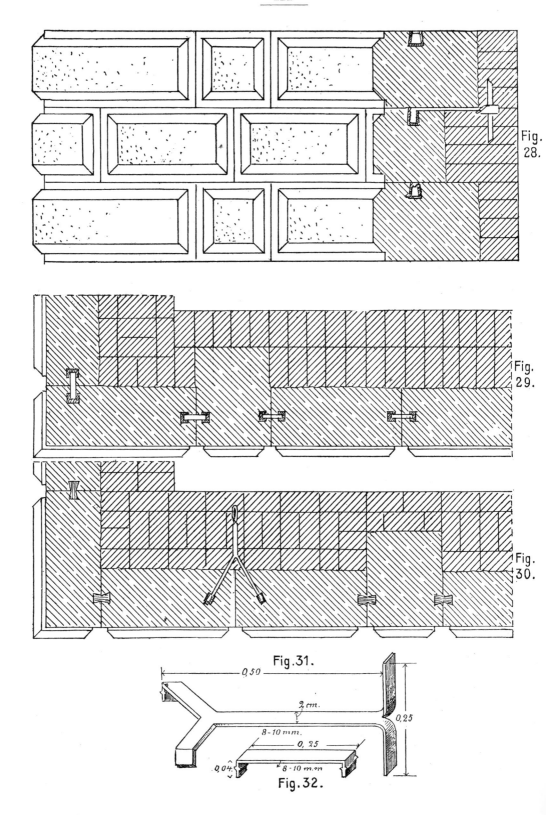

Fig. 28.

Fig. 29.

Fig. 30.

Fig. 31.

Fig. 32.

Die Verankerung. Zur grösseren Sicherung des Mauerwerkes verankert man die oft nur schwach vorgeblendeten Quadern auf doppelte Art und Weise: durch Klammern und durch Anker oder Gabelanker (Fig. 31 und 32). Letztere sind etwa 50 cm lang. So werden der erste und zweite Stein einer Schicht miteinander verklammert, der zweite und dritte aber mit der Hintermauerung durch Gabelanker verbunden. Die Klammern bestehen aus Kupfer oder Bronze oder verzinktem Eisen. Zum Vergiessen dient Blei oder Asphalt. Sie sind 20 bis 25 cm lang und greifen 3 bis 4 cm in das Werkstück ein (Fig. 32).

Bei guter Verankerung kann man mit der Stärke der vorgeblendeten Quaderung bis auf 12 cm für die Läufer und 25 cm für die Binder heruntergehen.

Kleinere Steine und Platten werden auch durch Dübel miteinander verbunden. Dieselben bestehen aus verzinktem Eisen und erhalten schwalbenschwanzförmige Gestalt (Fig. 30). Sie sind etwa 8 bis 10 cm lang.

Die Hintermauerung soll eine äusserst sorgfältige sein, um so mehr, als das Backsteinmauerwerk sich mehr setzt als das Quadermauerwerk. Es empfiehlt sich also das Mauern mit sehr engen Fugen und schnell erhärtendem Mörtel.

Natürliche Plattengesteine benutzt man zur Verblendung von Gebäudesockeln. Steinplatten von 12 bis 15 cm Dicke werden aufrecht gestellt und stumpf aneinander gestossen. Klammern und Gabelanker verhindern auch hier wieder ein Ausweichen. Auch stärkere Bindersteine, in Abständen von 1,25 m angebracht, verklammern die Plattenverkleidung, wobei an der Ecke immer ein stärkerer Stein verlegt werden muss (Fig. 64 und 65).

## b) Die Formenbehandlung der Quader.

Je nachdem die Quaderung schwer oder leicht wirken soll, ändert sich auch ihre Profilierung. Kräftige, weit vorspringende Bossen lassen eine Quaderung selbstverständlich wuchtiger und massiger erscheinen als flache, glatte Spiegel mit wenig vertieften Fugen.

Die einfachste Bearbeitung erfährt der Quader, wenn er, wie Fig. 16 zeigt, ganz glatten Spiegel erhält, der aufgeschlagen, gestockt oder geschliffen sein kann. Fig. 17 stellt Quader mit Spitzfugen dar, mit sogen. abgefasten Spiegeln. Glattere Spiegel mit ringsum geschlagenem Rand gibt Fig. 18. Der Spiegel kann auch hierbei aufgeschlagen, gestockt oder geschliffen sein.

Meist bearbeitet man der Vereinfachung halber den Quader so, dass der umsäumende Zierschlag nur auf zwei Seiten, einer langen und einer kurzen, angebracht wird. Die Figuren 19 bis 27 erläutern dies, wobei Fig. 19 glatten Spiegel, Fig. 20 gefasten Spiegel, Fig. 21 gekehlte Abfasung des Spiegels, Fig. 23 abgerundete Abfasung des Spiegels, Fig. 24 abgerundete Abfasung mit Plättchen, Fig. 25 Rustica-Bossen (für Sockel), Fig. 26 Diamantspiegel mit Viertelstab und Fig. 27 abgeplatteten und fazettierten Diamantspiegel darstellen.

Bei Quadern mit Diamantspiegeln ist zu bemerken, dass dieselben an der Fassade nur gut wirken, wenn sie vereinzelt an besonderer Stelle angebracht werden. In Reihen oder ganzen Massen würde die Wandfläche unruhig und überladen erscheinen. Bei grossen Geschäftshäusern hat man zwar die massiven Pfeiler zwischen den Schaufenster-Oeffnungen hier und da aus lauter

Diamantquadern hergestellt, die zum Teil noch steiler als unter 45° geschliffen wurden, aber ihre Wirkung ist doch eine höchst zweifelhafte. Die Wandfläche oder der Pfeiler sehen förmlich „stachelig" aus.

Hierauf sei besonders der Anfänger, der gern mit den stärksten Mitteln arbeitet, aufmerksam gemacht.

### e) Der Quader in der Fassade.

Die übliche Grösse der Quader. Die Grösse der Quader wird bestimmt nach der Höhe und nach der Länge des Werkstückes, sowie nach der Tiefe, die dasselbe in das Mauerwerk einbindet.

Die Höhe bemessen wir, wie bereits bemerkt, nach Backsteinschichten, die entweder von aussen sichtbar sind, wenn die Quader zusammen mit Backsteinverblendung auftreten, oder in der Hintermauerung zur Geltung kommt.

Im Gebäudesockel nimmt man für die Quader vier oder fünf Schichten zur Höhe, im Erdgeschoss gewöhnlich vier Schichten. Man kann auch drei Schichten als Quaderhöhe annehmen, aber für eine durchgehende Erdgeschoss-Quaderung werden die einzelnen Steine zu klein. Solche niedrige Quader verwendet man meist in den oberen Stockwerken als vereinzelte Stücke, die auf durchlaufenden glatten Werksteinbändern gewöhnlich die Ecke betonen (Fig. 33 und 34).

Die Länge der Quader. Bei einer vollständigen Quaderverblendung erscheinen in der Wandfläche Läufer und Binder.

Die Läufer macht man nicht länger als drei oder höchstens vier Quaderhöhen, die Binder entsprechend kürzer gleich zwei oder drei oder auch gleich einer Quaderhöhe. Im letzten Falle haben sie quadratische Häupter. Quader von grösserer Länge als viermal Quaderhöhe kommen im Sockelmauerwerk vor, wenn man eine Kellerfenster-Oeffnung mit einem einzigen Steine überdecken will. Voraussetzung ist hierbei, dass der betreffende Werkstein mindestens vier bis fünf Backsteinschichten zur eigenen Höhe hat.

Im Putzbau, wo Rustica gern nachgeahmt wird, findet man als abschreckende Beispiele häufig solche Quader, die sich als einzelne Steine über mehrere Meter lange Wandflächen (bei einer Höhe von drei bis vier Backsteinschichten) gleich wie ein Bretterverschlag hinziehen. Dass dies ebenso unnatürlich wie konstruktiv unmöglich ist, geht aus den einfachsten Verbandsregeln hervor.

Die Quader als Wandbekleidung. In den älteren italienischen Rustica-Fassaden verlegte man die Quader in den einzelnen Schichten so, dass zwar eine jede Schicht Steine von derselben Höhe erhielt, die Schichten unter sich aber in den Höhen beliebig wechselten (Fig. 6).

In dieser Weise Quader anzuordnen, ist heute nicht mehr üblich. Zwar wechselt man zur grösseren Belebung der Wandfläche ebenfalls mit Quaderschichten von verschiedener Höhe ab, aber dies geschieht in ganz gleichmässiger Wiederholung. Uebliche Schichtenverhältnisse sind hier: erste Schicht gleich vier, zweite Schicht gleich drei Backsteinhöhen oder erste Schicht gleich fünf, zweite gleich vier Backsteinhöhen (Fig. 33 und 34).

Hierbei können auch Quaderschichten mit Verblendsteinschichten abwechseln, so dass die Wandfläche durch die Hinzunahme der farbigen Backsteine noch lebhafter erscheint, allerdings dann zugleich an kräftiger Wirkung verliert (Fig. 34). Man wird dann am besten den Quaderstreifen schmaler als den Backsteinstreifen halten, z. B. Quaderstreifen = vier, Backsteinstreifen = fünf Backsteinhöhen. Zu schmale Streifen von etwa je drei und drei Backsteinhöhen darf man nicht

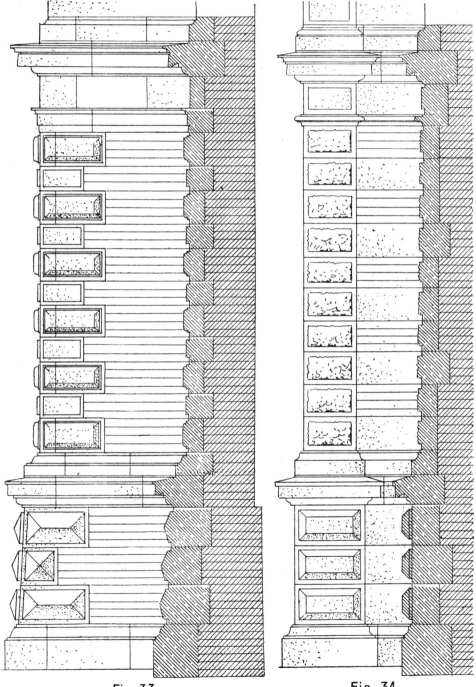

Fig. 33.                    Fig. 34.

wählen, da hierbei die Wandfläche, besonders im Erdgeschoss, zu unruhig wird und zu schwächlich erscheint.

Ungleiche Quaderprofile. Wenn man im allgemeinen auch in einer gequaderten Wandfläche Werksteine von derselben Form des Profiles zu verwenden pflegt, so kann man zur grösseren Belebung der Wandfläche doch auch anders profilierte Quader dazwischen schieben (Fig. 103 u. 105). Am besten eignen sich hierzu Quader mit quadratischem Haupt und scharf hervortretender Profilierung, also alle Diamantquader oder solche mit ornamentiertem Spiegel, wie sie in der „Deutschen Renaissance" vielfach zur Verwendung kamen (Fig. 105). Sie müssen selbstverständlich in richtigem Verbande verlegt werden, z. B. mitten unter einen Läufer ein quadratischer Quader oder wie in Fig. 28 gezeigt ist.

Die Quader an der Wandecke. Bei der Quaderung von Wandflächen wird sich an der Gebäudeecke der natürliche Verband von abwechselnden Läufer- und Binderschichten zeigen. Ist das Haus ein freistehendes, so sehen wir an der Seitenansicht da, wo vorn Läufer liegen, die Binderseiten der Quader — also die kürzeren — und ebenso da, wo vorn Binder erscheinen, die Läuferseiten der Quader.

Ist die Quaderung aus zweierlei Profilsteinen zusammengesetzt, so kann dies an der Ecke ebenfalls durchgeführt werden. Kräftiger betont erscheint aber die Gebäudeecke, wenn hier Läufer und Binder von ein und demselben Profil, und zwar vom stärkeren der beiden, durchlaufen. Ja sogar, wenn Backsteinstreifen zwischen Quaderstreifen angeordnet sind, oder wenn die ganze Wandfläche mit Backstein-Verblendern bekleidet ist, wird eine Quaderverstärkung der Wand an der Ecke gern beibehalten, um eben diese Ecke als durch Quadern zusammengefasst erscheinen zu lassen (Fig. 33 und 34).

Deshalb ist es ganz zu verwerfen, wenn wir eine solche Eckverstärkung auch in der einspringenden Ecke der Aussenwand der Symmetrie halber wiederholt sehen, wie dies in Fig. 35 und 36 dargestellt ist. Diese Quaderung hat

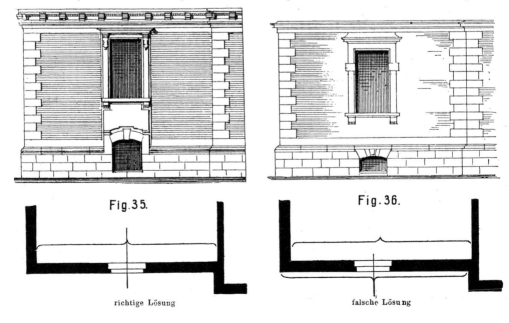

Fig. 35.    Fig. 36.

richtige Lösung    falsche Lösung

gar keine Berechtigung, sie ist ästhetisch falsch zu nennen und giebt ausserdem die Veranlassung, dass nun auch die Fenster in der Aussenwand an die unrichtige Stelle verlegt werden (Fig. 36). Die richtige Lösung einer solchen Wand mit Eckverzahnung und Fensterpartie ist in Fig. 35 dargestellt.

Wenn aber die Eckverzahnung mit Werkstein-Quadern gut aussehen soll, so ist noch weiter zu beachten, dass die Anzahl der verlegten Quader eine ungerade sein soll, damit Anfang und Ende der Verzahnung gleich werden. Beginnt sie z. B. mit einem Läufer, so endet sie mit einem solchen und umgekehrt (Fig. 33 und 35).

Die Quaderung in der mehrstöckigen Fassade. Den Grundsatz, den wir bereits in Fig. 8 bei Betrachtung der italienischen Rustica-Fassaden erläutert sehen, nämlich das Quadermauerwerk an der Fassade in seiner Profilierung von unten nach oben abzuschwächen, hält man noch heute fest, wobei wir allerdings gleich bemerken wollen, dass eine Bekleidung der Wandflächen oberer Stockwerke mit Quadern nur ausnahmsweise bei grossen Monumentalbauten vorkommt. Bei den bürgerlichen Bauten von Villen und städtischen Wohnhäusern wenden wir Quaderverblendung wohl im Gebäudesockel und im Erdgeschoss mehrstöckiger Gebäude an, — für die oberen Stockwerke wählt man jedoch eine Verkleidung der Wandflächen mit Verblendsteinen oder mit Putz und beschränkt sich höchstens darauf, die Gebäudeecken oder überhaupt die Mauerecken in der Fassade mit eingelegten Quadern zu betonen. Hierbei kann entweder eine sogen. Eckverzahnung Platz greifen, die nun mit leichterer Profilierung, als sie die Erdgeschoss-Quadern tragen, durch alle weiteren Stockwerke fortgesetzt wird, — oder man bildet die Ecke als sogenannte Quader-Parostate (senkrechter Quaderstreifen Fig. 34) aus, wobei alle Quadern gleich lang erscheinen, oder man begnügt sich damit, zwischen je sieben bis acht Backsteinschichten einen Quader von drei bis vier Schichtenhöhen als Läufer auf die Ecke zu setzen und so wenigstens stellenweise auf die Mauernverklammerung hinzudeuten.

Auch hierbei schwächt sich das Profil der in den oberen Stockwerken verwendeten Einzelquadern gegen dasjenige im Erdgeschosse entsprechend ab.

# 4. Die Gesimse.

## a) Die Profilierung der Gesimse (Gesimselemente).

Die Einzelformen, die wir zur Bildung unserer Werksteingesimse verwenden, sind uns von den Griechen und Römern überliefert worden. Die Griechen hatten diese Formen an ihren Tempelbauten etwa 400 Jahre vor Christi Geburt zur höchsten Vollendung ausgebildet. Da diese Tempelbauten nur eine beschränkte Höhe hatten und das Werksteinmaterial (Marmor) ebensowohl wie die Beleuchtung ganz eigenartige Bedingungen stellten, so konnte man die griechischen Bauformen nicht ohne weiteres auf hohe und

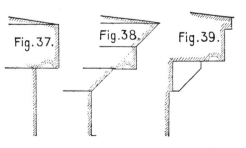

Fig. 37.     Fig. 38.     Fig. 39.

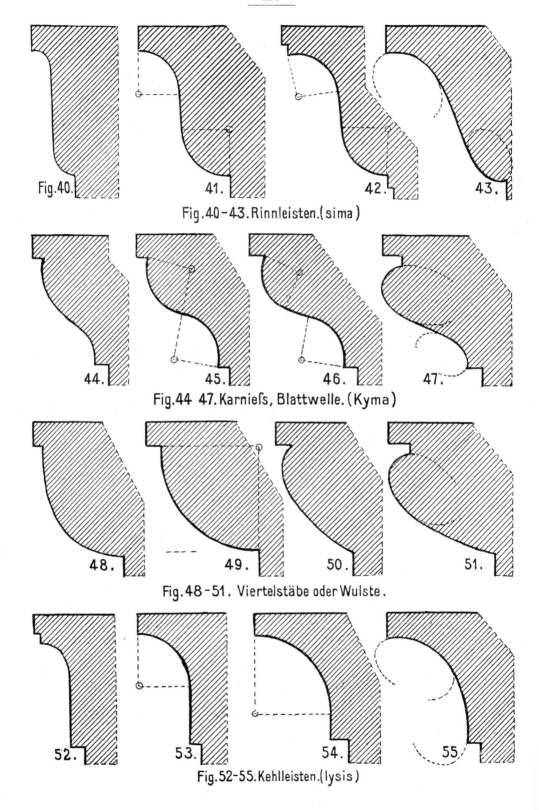

Fig.40. 41. 42. 43.

Fig.40-43.Rinnleisten.(sima)

44. 45. 46. 47.

Fig.44 47.Karnieſs, Blattwelle.(Kyma)

48. 49. 50. 51.

Fig.48-51. Viertelstäbe oder Wulste.

52. 53. 54. 55.

Fig.52-55.Kehlleisten.(lysis)

aus gröberen Materialien errichtete Gebäude übertragen. Das sahen schon die Römer ein, die die nächsten Erben der griechischen Bauformen waren. Für ihre grossartigen und vielstöckigen Bauwerke, die überdies aus den weit grobkörnigeren und dunkleren Travertinen und Peperinen aus Roms Umgebung herzustellen waren, genügten die feinen griechischen Profilierungen nicht. Sie vereinfachten dieselben und ersetzten sie durch solche, die durch Kreisbögen hergestellt werden konnten. Sie wurden zunächst mit freier Hand entworfen, und dann erst durch den Zirkel festgelegt (Fig. 42, 43, 45, 46, 49, 53 und 54).

Diese römischen Formen fanden dann im 14. und 15. Jahrhundert auf italienischem Boden ihre Wiederbelebung durch geniale Architekten, die nun an massiven mächtigen Wohnpalästen die moderne Formengestaltung begründeten, die wir die „italienische Renaissance" nennen. Seit jener Zeit sind diese Bauformen im modernen Werksteinbau mit mehr oder weniger freier Behandlung die üblichen geblieben, so dass auch wir bei der modernen Gesimsausbildung dieselben am richtigen Orte zu verwenden haben, allerdings ohne in starre Nachbildung der sogen. klassischen Vorbilder zu verfallen. Bestimmend für die moderne Gestaltung von Gesimsen und Gesimsteilen ist immer zunächst die Zweckmässigkeit und dann vor allen Dingen ein ausgereifter Formensinn!

Die Platte. Die Grundform eines Gesimses bildet zunächst die Platte mit Wasserschräge, die die Mauer abzudecken und vor zerstörender Nässe zu schützen hat. Soll das Wasser nicht an der Mauer herablaufen, so muss es zum freien Abtropfen gezwungen werden. Hierzu erhält die Platte eine Unterscheidung oder eine Wassernase (Fig. 37 bis 39).

Tragende Glieder. Soll diese Platte weit vorspringen, so muss sie unterstützt oder getragen werden. Dies geschieht in einfachster Form durch Auskragung der Mauerschichten unter der Platte und durch Konsolen (Fig. 39). Künstlerischen Ausdruck erhielten diese Glieder, je nachdem sie leichte oder schwere Last zu tragen haben, in jenen Gesimselementen, die wir als „tragende Glieder" zu bezeichnen pflegen (Fig. 44 bis 51, 54 und 55).

Die einfachste und kräftigste Vermittelung von der senkrechten Wand zur ausladenden Platte zeigt der volle Viertelstab (Fig. 49), einen elastischen und zugleich zierlichen Ausdruck des Tragens der Karnies oder die Blattwelle (Fig. 44), während der leichteste Uebergang durch die ausgekehlte Form (Fig. 54) gekennzeichnet ist. Alle drei Formen lassen, wie in den Fig. 44 bis 55 angedeutet ist, eine vielgestaltige Ausbildung zu, wobei die richtige Wahl dem künstlerischen Geschmacke und Verständnis des Einzelnen anheimgestellt ist.

Bekrönende Glieder. Die oberste Abdeckung der Umfassungsmauern eines Gebäudes nennt man das Hauptgesims. Es wird ebenfalls aus der weit vorspringenden Platte mit tragenden Untergliedern oder Konsolen gebildet und trägt über der Platte die Dachkonstruktion mit der Dachrinne.

Die Griechen schlossen dieserhalb ihre Hauptgesimse mit dem Rinnleisten (Sima) ab (Fig. 40 bis 43), und die Renaissance sowohl als auch die moderne Formengebung machten es ebenso.

Fussbildende Glieder. Der Sockel oder der Fuss eines Gebäudes oder eines Bauteiles muss durch

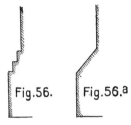

Fig. 56.  Fig. 56.ª

Verbreiterung des Mauerkörpers nach unten zu gebildet werden, damit die Last der Mauer sicher auf dem Erdboden ruhen kann. Am einfachsten wird man dies wieder durch Abtreppung des Mauerwerkes erreichen (Fig. 56 und 56a). Wenn aber eine künstlerische Form auch hierfür angewandt werden soll, so finden wir sie am einfachsten dadurch, dass wir die vorher besprochenen, nach oben überführenden Glieder nun einfach herumdrehen und sie nach unten führen lassen (Fig. 57 bis 59 und 60 bis 63). In der That entsprechen denn auch die hier üblichen Formen des umgekehrten Rinnleistens, Karnieses, Viertelstabes und Fehlleistens mit einigen kleinen Aenderungen der Linienführung jener bereits unter Fig. 40 bis 55 besprochenen Gesimselemente.

Verbindende Glieder. Ein vollständiges Gesims setzt sich entweder aus der Platte und aus tragenden Gliedern zusammen oder nimmt fussbildende Profile an. Bei reicheren Ausbildungen von Abschlussgesimsen können sich noch bekrönende Gesimselemente anschliessen. Es ist aber nicht üblich, die erforder-

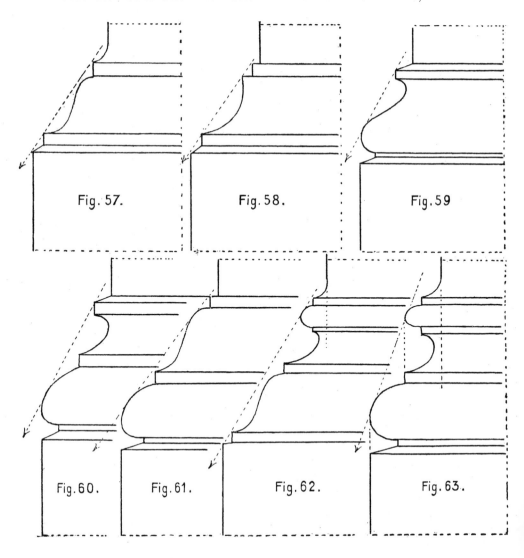

Fig. 57.   Fig. 58.   Fig. 59

Fig. 60.   Fig. 61.   Fig. 62.   Fig. 63.

lichen Hauptprofile so ohne weiteres aneinander zu reihen, vielmehr muss eine feine Verbindung und Verknüpfung derselben untereinander stattfinden. Die Gliederungen, die man hierzu benutzt, sind die einfachsten und naturgemässsten, es sind Bänder und Stricke, die als schmale Verbindungen zwischen je zwei Hauptglieder eingefügt werden (Fig. 60 bis 63).

Die Behandlung der Profillinien. „Der künstlerische Wert der Profilierungen liegt vor allem in ihrer plastischen Wirkung, in zweiter Linie erst in der Querschnittsfigur, die stets nur an den Stossfugen und Kehrungen zur Geltung kommt, bei letzteren ausserdem in verzerrter Gestalt".

In den Fig. 40 bis 55 ist gezeigt worden, dass man die Linienführung der einzelnen Profile verschiedenartig behandeln kann. Man kann sie steil und streng halten, man kann sie durch Zirkelschläge bestimmen und man kann sie schliesslich ganz frei nach dem Gefühl entwickeln, wobei statt der Zirkellinien ellipsoidische Formen, flach- oder hochellipsoidische, zur Erscheinung kommen. Was sich am meisten empfiehlt, ist für jeden einzelnen Fall zu entscheiden. Strenge Formen wirken gut bei grossen Gliederungen, die unter weit ausladenden Platten und in grossen Höhen liegen. Mit ellipsoidischen Gesimslinien erzielt man

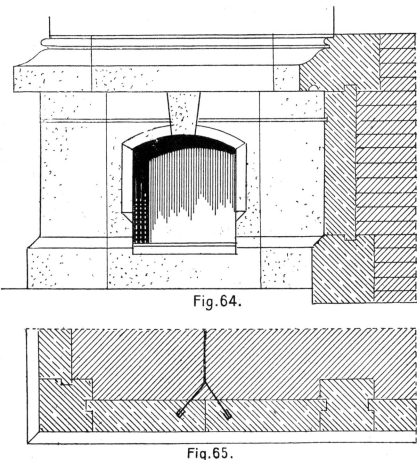

Fig. 64.

Fig. 65.

9*

eine stärkere Licht- und Schattenverteilung und eine grössere Zierlichkeit der Formen, die besonders für kleine Verhältnisse, die zur nahen Betrachtung herausfordern, zu empfehlen sind. Die Fig. 43, 47, 51 und 55 erläutern das Gesagte.

### b) Fussgesimse und Gebäudesockel.

Alle Fussgesimse werden aus fussbildenden Profilen, die einmal mit dem zugehörigen Mauerkörper und ferner unter sich durch Verbindungsglieder verknüpft sind, zusammengesetzt. Hierbei ist nur darauf zu sehen, dass bei der

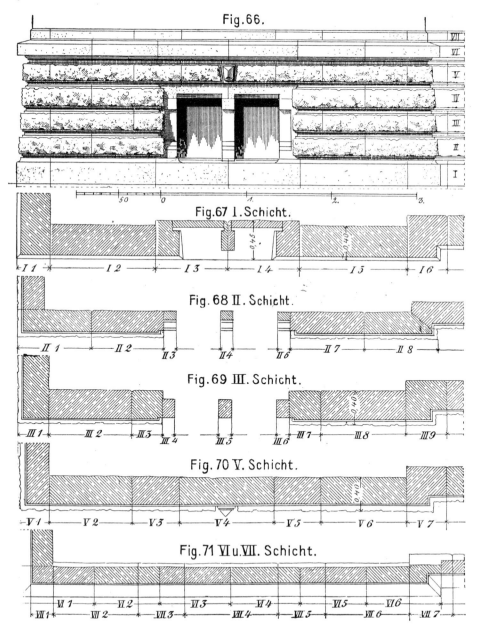

Fig. 66.

Fig. 67 I. Schicht.

Fig. 68 II. Schicht.

Fig. 69 III. Schicht.

Fig. 70 V. Schicht.

Fig. 71 VI u. VII. Schicht.

Zusammenstellung der einzelnen Gliederungen ein fortwährendes Abwärtsführen vom Mauerkörper, mithin eine stetige Verbreiterung nach unten hin erreicht wird. Niemals soll durch Kehlungen ein Unterschneiden stattfinden, sondern auch hier ist dafür zu sorgen, dass hinter der Kehle noch verbreiterter Mauerkern stehen bleibt. Besonders ist dies zu beachten an der sogen. attischen Basis, die vielfach als Pfeiler-, Säulen- und Mauerfuss zur Verwendung gelangt (Fig. 63). Es ist ferner darauf zu achten, dass die gesamten Fussprofile eines und desselben Gesimses in einer schönen, ungebrochenen Linie nach unten führen (Fig. 60 bis 63).

Der Gebäudesockel. Ganz einfache Sockel von etwa 50 bis 60 cm Höhe nennt man Plinten; sie können naturgemäss nur einige Zentimeter vorspringen und bestehen aus glatt gearbeiteten Werksteinen mit oberer Wasserschräge. Hinter dem Sockel liegt das Kellermauerwerk des Hauses und der Vorsprung der um ½ Stein verstärkten Aussenmauer liegt in diesem Falle nach dem Innern des Hauses hinzu.

Bei höheren Sockeln, die zumeist durch Kellerfenster durchbrochen werden, wird die Stärke der Kellermauern beiderseits verteilt, so dass der Vorsprung des Sockelmauerwerkes vor der Gebäudeflucht mindestens 6 cm beträgt. Hat der Sockel eine Höhe von 50 cm bis 1 m, so wird er abgetreppt. Seine äussere Erscheinung zeigt vorgeblendete Werksteinplatten von mindestens 12 cm Stärke, die mit der Hintermauerung verankert werden müssen (Fig. 64 und 65). Mit Falz verlegte Platten zeigt die Fig. 64.

Liegen in einem solchen Sockel auch Kellerfenster, so können sie entweder aus einem einzigen Werkstück ausgeschnitten oder mit dem üblichen Steinschnitt hergestellt werden (Fig. 64). Fenstergewänden aus einem Werkstück gibt man

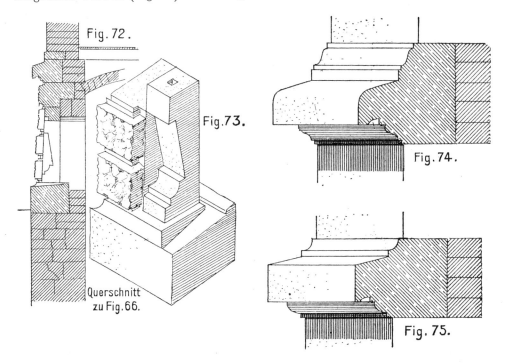

Fig. 72.

Fig. 73.

Querschnitt zu Fig. 66.

Fig. 74.

Fig. 75.

zur Verzierung wohl einen Schlussstein bei; letzterer ist dann blind angearbeitet (Fig. 64).

H ö h e r e  G e b ä u d e s o c k e l sind selbständige Gebäudeteile, die die übliche
Dreiteilung von F u s s, S c h a f t und K r ö n u n g aufweisen. Ihre Höhe beträgt
1 bis 1,50 m. Der Schaft oder der Leib kann aus Platten bestehen oder besser
gequadert sein, wobei die Höhe der einzelnen Werksteine vier bis fünf Backsteinhöhen beträgt. Die Anzahl der Quadereisen kann zwei sein; besser wirken
drei oder vier (Fig. 66 und 76). Kellerfenster werden dabei entweder horizontal
abgedeckt oder mit einem scheitrechten oder Stichbogen durch Quadern abgeschlossen (Fig. 76 und 77). Der obere Sockelabschluss wird durch eine kräftige
Deckplatte gebildet, die mit Unterschneidung versehen und auch wohl durch ein
einfaches tragendes Glied unterstützt ist. Reichere Unterglieder hier zu verwenden, ist nicht üblich, da einmal dieses Gesims Einfachheit verlangt, zum
anderen aber die vermehrte Steinhauerarbeit an dieser Stelle gar nicht zur Geltung kommen würde.

Fig. 76.          Fig. 77.

Die Deckplatte des Sockels erhält eine Wasserschräge, kann sogar selber mit Abwässerung gearbeitet sein (Fig. 74, 75 und 77). Die Höhe der Sockelabdeckung ist gleich drei bis vier Schichtenhöhen aus Ziegelsteinen.

Die Dossierung. Das aufsteigende Sockelmauerwerk wird manchmal schräg dargestellt, so dass es nach unten zu verstärkt erscheint. Man nennt dies eine Dossierung. Dieselbe wirkt aber nur gut, wenn sie ziemlich steil gehalten ist und auch nur da, wo man die Mauern in der Seitenansicht zu sehen bekommt. Bei eingebauten Häusern hat sie wenig Zweck.

Ein solcher Sockel hebt gewissermassen das darauf ruhende Gebäude in die Höhe, welche Wirkung bei freistehenden Häusern noch dadurch verstärkt werden kann, dass die Anschüttung (als grüner Rasenstreifen) flach geneigt vom Hause abfällt (Fig. 66).

Die Dossierung wird durch allmähliches Auskragen des Kellermauerwerkes gewonnen, so dass unter dem Erdboden die natürliche Stärke dieser Mauern wieder in ihr Recht tritt.

Den Uebergang zur Wand des Erdgeschosses bildet häufig ein sogen. Mauerfuss, der sich auf die Deckplatte des Sockelabschlusses aufsetzt. Er gleicht in seiner Form ganz einem gewöhnlichen Fussgesims (Fig. 66, 74 und 75). Seine Höhe ist etwa gleich drei Backsteinschichten der Hintermauerung.

### c) Gurtgesimse und Zwischengebälke.

Schon in der florentinischen Palastfassade teilte man die mit Quadern bekleidete Wandfläche nach Stockwerken ein, indem man eine kräftige Platte, die durch wenige einfache tragende Glieder unterstützt wurde, rings herumlaufen liess (Fig. 78).

In der modernen Fassaden-Entwickelung muss ein gequadertes Erdgeschoss stets mit einem Gurtgesimse abgeschlossen werden, das ganz in der vorerwähnten Art ausgebildet sein kann. Wenn aber noch mehrere Stockwerke auf das Erdgeschoss sich aufsetzen, so kann das untere Abschlussgesims auch reicher ausgebildet sein und man gibt ihm dann die Form eines Gebälkes. Das Gebälk hat seinen Namen von den antiken Tempelbauten, wo es in regelmässiger Anwendung den Aufbau abschloss. Es besteht aus drei selbständigen Hauptteilen, nämlich aus dem Architrav, dem Fries und dem bekrönenden Gesims. Es bildet den vollkommensten Abschluss einer Wand (Fig. 7 und 10).

Derartig ausgebildete Zwischengebälke kommen aber nur bei grösseren Fassaden und nur über dem Erdgeschosse vor. Denn wenn auch das moderne städtische Wohnhaus aus vielen Stockwerken zu bestehen pflegt, so vermeidet man es doch, die Fassade durch zu viele horizontale Gesimse in Streifen zu zerlegen (Fig. 33 und 34).

Liegt über dem Erdgeschoss nur noch ein Stock, so wird das Gebäude über letzterem mit dem Hauptgesimse abgeschlossen. Sind noch zwei Stockwerke über dem Erdgeschosse angeordnet, so bilden sie zusammen den Aufbau und enden mit dem Hauptgesims. Hat das Haus endlich drei Stockwerke als Aufbau, so lässt man über den zweiten Stock ein schwächeres Gurtgesims durchgehen, das aber meist unmittelbar unter der obersten Fensterreihe angeordnet wird. Weitere horizontale Teilungen der Fassade beschränken sich auf flache

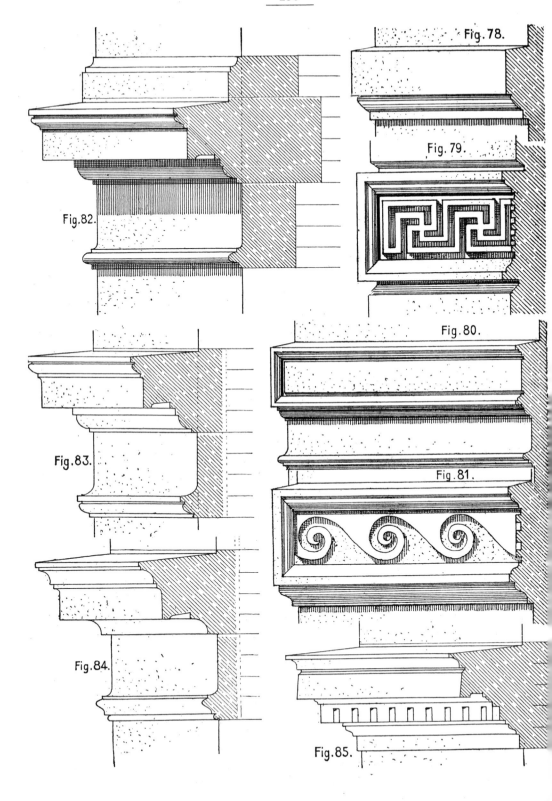

Fig.78.

Fig.79.

Fig.82.

Fig.80.

Fig.81.

Fig.83.

Fig.84.

Fig.85.

Bänder, die besonders bei Ziegelverblendung in der Breite von drei Backstein-
schichten durchlaufen und eine Teilung nur andeuten oder auf durchlaufende
Brustgesimse, die an die Fensterbänke anschliessen (vgl. weiter unten „Die
Fensterbrüstung").

    Einfache Gurtgesimse. Das Gurtgesims kann in seiner einfachsten
Ausbildung nur aus einer kräftigen Platte bestehen, die, mit einer Wassernase
versehen, nur wenig über das Untergeschoss vorspringt. So wurden die Gurtgesimse an den Palastbauten der Frührenaissance behandelt, wobei die Platte
allerdings meist ein Füllungsfeld erhielt, das mit Mäanderzügen oder mit Meeres-
wellen belebt erschien (Fig. 79 bis 81).

    Derartige breite wenig ausladende Gesimse nennt man auch „Band-
gesimse".

    Besser wird der Uebergang zur unteren Mauer durch Hinzufügung tragender
Glieder vermittelt (Fig. 82 bis 85), siehe Fenster, dreiteiliges, in Köln. Dabei
wird selbst solch einfaches Gurtgesims mehr hervorgehoben, wenn ihm ein Fries
beigegeben ist, der mit der Mauer durch einige verbindende Gliederungen verknüpft werden muss (Fig. 82 bis 84).

    Reichere Gurtgesimse nehmen zu der Platte und den tragenden Glie-
dern noch eine Bekrönung hinzu, die an die Platte angearbeitet wird. Dieselbe
besteht aus einem Karnies mit Deckplättchen (Fig. 82) oder aus einer Blattwelle
(Fig. 83) oder aus einer steigenden Kehle (Fig. 84), die immer mit einem einfachen oder doppelten Deckplättchen abschliessen. In den Fig. 82, 83 und 85
ist zur besseren Trennung der oberen Glieder eine Nute zwischengestossen, die
eine energische Schattenwirkung herbeiführt.

    Oft sieht man statt der vorgeführten Bekrönungen das Gurtgesims auch mit
einem Rinnleisten bekrönt. Wir betrachten denselben aber als ausschliesslich
zum Hauptgesims gehörig und empfehlen seine Anwendung an Gurtungen nicht.

    In Fig. 85 ist schliesslich dem Gurtgesims noch ein Zahnschnittkranz hinzu-
gefügt worden. Er zeigt die Gestalt einer Platte, die in bestimmten Abständen
ausgeschnitten ist. Ihre Grösse ist stets so zu bemessen, dass sie etwas kleiner
als die Hauptplatte gehalten wird. Dieses Gurtgesims ist fünf Backsteinschichten
hoch, wird also nur bei hohem Erdgeschoss Verwendung finden können.

    Alle in den Fig. 82 bis 85 vorgeführten Gurtgesimse haben oben über der
notwendigen Wasserschräge einen Ansatz erhalten, der besser zu dem darüber
liegenden Mauerwerk überführt.

    In Fig. 82 ist ausserdem dem Gurtgesims ein Mauerfuss beigegeben
worden, der wieder den Uebergang zum oberen Mauerwerk vermitteln soll. Er
tritt hier vor die Flucht des eigentlichen Mauerwerkes vor, was, streng genommen, nicht ganz richtig ist. Er müsste vielmehr in der Flucht des unteren
Mauerwerkes liegen, wie wir dies über dem Sockelgesims gesehen haben (Fig. 33
und 34). Dann müsste freilich das obere Mauerwerk auch nach aussen abgesetzt
sein. Bei einem freistehenden Hause könnte man das ausführen, es könnte also
die obere Wand je $\frac{1}{4}$ Stein von innen und von aussen abgesetzt werden, so
dass das Haus von unten nach oben verjüngt erscheinen würde (Fig. 33).

    Zwischengebälke. Reichere Gurtgesimse bildet man als Gebälke aus,
die aus Fries und Gesims oder besser und vollständiger aus Architrav, Fries und

Gesims bestehen. Das letztere erhält dabei die Formen, die bereits vorgeführt worden sind.

D e r   F r i e s kann glatt oder mit Füllungen belebt sein. Er ist etwas kleiner als die Gurte selbst und muss mit der Fassade verbunden werden, so dass seine Höhe nun einschliesslich der Verbindungsglieder gleich der Gesimshöhe ist (Fig. 82 bis 84).

D e r   A r c h i t r a v kann ein-, zwei- und dreizonig sein. Er enthält eine kleine Krönung aus Karnies oder Kehle mit Deckplättchen und ist niedriger als der Fries zu halten, hier etwa gleich drei Schichtenhöhen. Seine einzelnen Zonen oder Streifen müssen von unten nach oben an Höhe zunehmen (Fig. 33).

V e r a n k e r u n g e n. Mit Hilfe der um das Haus herumlaufenden Sockel- und Gurtgesimse kann man sehr wohl eine Verankerung des ganzen Bauwerkes herbeiführen, die das ungleichmässige Setzen des Mauerwerkes verhindert und die Last des Gebäudes gleichmässig über den Baugrund verteilt. Man verklammert hierzu entweder mit Klammern aus 20 × 6 mm starkem Flacheisen, die 5 cm tief in die Werkstücke eingreifen und 20 cm lang sind, die sämtlichen Gesimsstücke unter sich. Oder man legt über die Mauerabdeckung beim Sockelgesims, bei dem ersten Gurtgesims und bei den in den weiteren Geschosshöhen etwa herumlaufenden Bandstreifen durchlaufende Flacheisen, die mit Oesen versehen sind. Bei entsprechend verlegten durchgreifenden Bindern der Gesims-Werkstücke wird ein Splint, der mindestens 50 cm nach oben und nach unten übersteht, durch die Oese gesteckt. Diese Verankerung hält nun das Gesims und das darüber und das darunter liegende Mauerwerk zusammen.

#### d) Hauptgesimse.

D i e   K o n s t r u k t i o n. Die das Hauptgesims bildenden Werkstücke sollen im allgemeinen durch ihre eigene Schwere ein sicheres Auflager auf dem Mauerwerk finden, deshalb müssten sie durch die ganze Mauerstärke hindurchreichen. Da hierzu aber unverhältnismässig viel Werkstein-Material gehört und die Herstellungskosten ganz gewaltig sich vermehren würden, so lässt man in jeder Schicht der Hauptgesims-Werksteine nur die Binder durchgreifen, während die sogen. Läufersteine mit ihnen verklammert werden, dafür aber auch kürzer sind. Sorgfältige Verankerung ist überhaupt beim Verlegen eines grösseren Hauptgesimses notwendig (Fig. 94, 95 und 97), und zwar einmal der Werksteine unter sich, sodann auch des ganzen Gesimses mit dem darunter befindlichen Mauerwerk. Dies geschieht entweder so, dass nur die durchgreifenden Binder mit langen Ankern nach unten hin versehen werden (Fig. 94 und 97), oder wieder durch über den Gesims hinlaufende Flacheisen oder hochkantige Träger, die mit den tiefer eingreifenden Bindersteinen und mit dem darunter liegenden Mauerwerk fest verankert sind (Fig. 97).

Zu den Hauptgesimsen gehört ausserdem die Dachrinne, die für sich auf der Wasserschräge des Gesimses liegen oder selber einen Teil des Gesimses bilden kann (Fig. 99). Diese Rinne aus dem Werkstein heraus zu arbeiten, empfiehlt sich nicht; besser und üblicher sind dann aufgesetzte Metallrinnen, die nach aussen hin die Farbe des Werksteines erhalten und als Rinnleisten das Gesims abschliessen.

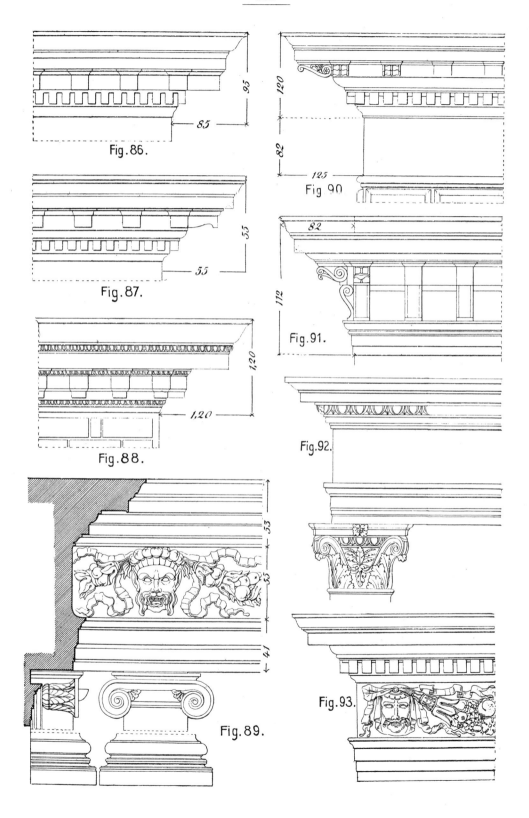

Fig. 86.

Fig. 87.

Fig. 88.

Fig. 89.

Fig 90

Fig. 91.

Fig. 92.

Fig. 93.

Hauptgesims vom Kgl. Eisenbahn-Direktions-Gebäude
zu Cassel.

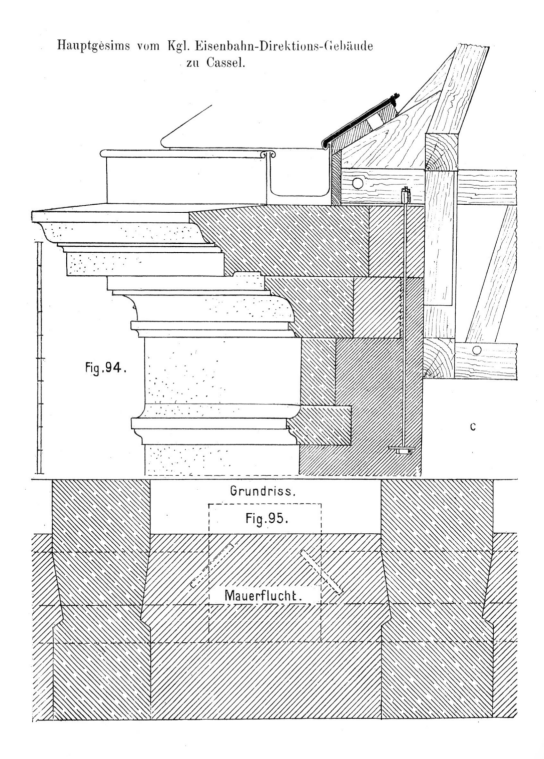

Fig. 94.

c

Grundriss.

Fig. 95.

Mauerflucht.

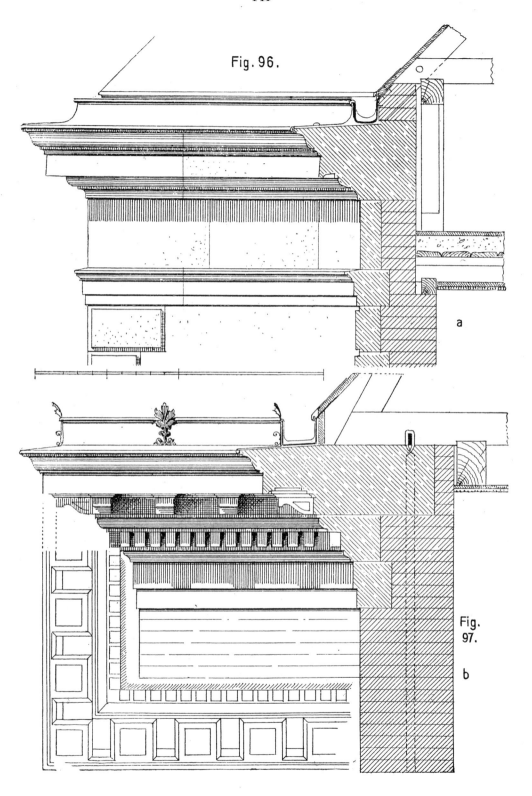

Fig. 96.

Fig. 97.

a

b

Die Höhe des Hauptgesimses. Ein schön entwickeltes und im Verhältnis zum Gebäude richtig abgemessenes Hauptgesims trägt viel zur guten Wirkung der Fassade bei, kann umgekehrt auch von höchst unglücklicher Wirkung sein. Man hat deshalb versucht, an der Hand von Erfahrungen bestimmte Höhenmasse für diese Gesimse aufzustellen. Hierbei ist aber zu beachten, dass immer die Eigenart des Aufbaues der ganzen Fassade zunächst zu beachten ist und dass dieser, je nachdem er schwere oder leichte Architekturformen aufweist, einen wesentlichen Einfluss auf die Höhenentwickelung des Hauptgesimses ausübt.

Zarte Architektur der Fassade bedingt ein zartes Hauptgesims und umgekehrt. Man hat als Regel etwa folgende Verhältniszahlen aufgestellt: Hauptgesims ohne Fries gleich $1/25$ bis $1/30$ der Gebäudehöhe, mit Fries $1/18$ bis $1/24$ derselben. Das gäbe also bei einer Villa, bestehend aus ausgebautem Keller, Erdgeschoss und oberem Stockwerk, zusammen etwa 10 m Höhe, ein Hauptgesims von etwa 40 cm; bei einem eingebauten städtischen Hause mit Sockel, Erdgeschoss und zwei Stocken, zusammen etwa 14,50 m, ein Hauptgesims von 48 bis 50 cm, das aber bei schweren Architekturformen auch 60 cm hoch werden kann. Höher kann man ein Hauptgesims immer erscheinen lassen, ohne seine

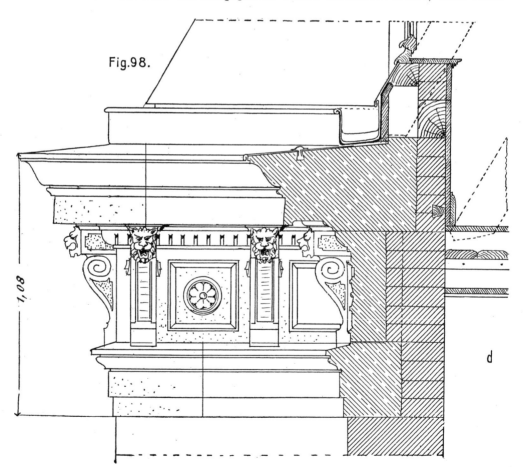

Fig. 98.

1,08

d

Schwere oder Leichtigkeit zu beeinträchtigen, durch Hinzufügung von Fries und Architrav, wie wir dies schon bei den Gurtgesimsen gesehen haben.

Hohe, monumentale Gebäude erfordern auch hohe, kräftige Hauptgesimse zu ihrer Abdeckung und Bekrönung. So ist das berühmte Hauptgesims an dem Palazzo Strozzi (Fig. 13) in Florenz ohne Fries 2,30 m hoch, mit Fries 3,74 m bei 2,35 m Ausladung. Die Höhe des zugehörigen Gebäudes beträgt rot. 30 m; das Hauptgesims beträgt also $\frac{1}{14}$ der Gebäudehöhe.

Ein anderes bekanntes und oft nachgeahmtes Gesims der italienischen Renaissance ist dasjenige vom Palazzo Farnese in Rom (Fig. 12) von Michel Angelo. Das ganze Gesims mit dem Fries ist gleich $\frac{1}{11}$ der Gebäudehöhe, das Kranzgesims allein gleich $\frac{1}{18}$ derselben. Die Höhe des ganzen Gebälkes beträgt hier 2,65 m. Das prächtig wirkende Hauptgesims am Reichstagsgebäude ist bei einer Gesamthöhe des Gebäudes von etwa 27 m 1,50 m, also $\frac{1}{18}$ der Gebäudehöhe hoch. Hauptgesimse an modernen Häusern erreichen meist nur eine Höhe von 40 bis 50 cm, wobei der zugehörige Fries mit stehenden Konsolen besetzt wird, die über den obersten Fenstern symmetrisch verteilt werden (Fig. 138). Dabei gilt immer die Voraussetzung, dass die Werkstein-Architekturen der Kostenersparnis halber nur zart gehalten und die Wandflächen verputzt oder besser mit Verblendern bekleidet sind.

Für alle aussergewöhnlichen Fälle muss die Höhenwirkung des Hauptgesimses vermittelt werden. Dies geschieht am einfachsten dadurch, dass man es mit Kohle kräftig aufzeichnet, in der gehörigen Höhe an die Rüststangen annagelt und seine Wirkung durch den Augenschein ermisst. Besser ist es, wenn das Gesims, besonders an freistehenden Häusern, als Eckstück in Holz oder Gips nach Zeichnung angefertigt und am Platze aufgehängt wird. Selbstredend ist diesen Modellstücken die Farbe des Werksteines zu geben, den man zur Verarbeitung gewählt hat. Denn ein Gesims aus dunkelfarbigem (rotem) Werkstein wirkt anders, als ein solches von heller Farbe. Weiteres siehe unter „Die Profilierung".

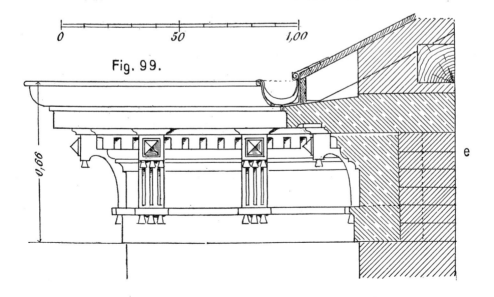

Fig. 99.

Im übrigen soll auch folgende Regel hier Beachtung finden: Stark ausladende Gesimse erfordern zu guter Wirkung weniger Höhe; hohe Gesimse beanspruchen weniger Ausladung.

Einfache Hauptgesimse. In seiner einfachsten Form besteht ein Hauptgesims aus der abdeckenden Hängeplatte, aus den überführenden oder tragenden Gliedern und aus dem bekrönenden Rinnleisten. Ein solches Gesims, wie in Fig. 96 dargestellt, kann aus einem einzigen Werkstücke von 40 bis 50 cm, resp. sechs Ziegelsteinschichten Höhe hergestellt werden. Es können aber auch die profilierten Unterglieder eine Schicht für sich bilden (Fig. 94).

Hierbei ist besonderer Wert darauf zu legen, dass die Deckplatte oder Hängeplatte als Hauptglied zur vollen Geltung kommt, d. h. dass sie deutlich hervortritt.

Die unter der Platte befindlichen Glieder spielen eine untergeordnete Rolle, da sie gänzlich im Schatten liegen. Es ist deshalb darauf zu achten, dass sie so einfach wie möglich gehalten werden. Eine Anhäufung von vielen zarten Gliederungen hat hier gar keinen Zweck, verteuert nur die Herstellung und kommt gar nicht zur Wirkung. In Fig. 96 hätten als Unterglieder, sobald das Gesims ziemlich hoch sitzt, auch ein einfacher Viertelstab mit Plättchen genügt. Sehr gut ist die Wirkung von Fig. 94. Das Gesims bekrönt ein hohes, monumental gehaltenes Gebäude. Seine Wirkung ist bei aller Einfachheit ausgezeichnet, für eine zarte Architektur ist es aber zu schwer.

Zwei und dreiteilige Hauptgesimse. Aehnlich, wie die Gurtgesimse, kann man auch die Hauptgesimse bereichern und hervorheben, indem man den Uebergang von der senkrechten Wand zum abdeckenden Gesims architektonisch auflöst. Am einfachsten geschieht dies durch ein Absetzen der Mauer, wie in Fig. 97.

Zur vollständigen Wirkung bringt man aber das Gesims, wenn man es als Gebälk ausbildet. Es tritt also wieder zu dem eigentlichen Kranzgesims ein Fries und ein Architrav hinzu.

In den Fig. 94, 96, 98 und 99, sowie in den italienischen Renaissance-Gesimsen (Fig. 89, 91 bis 93) ist dies dargestellt. Die Höhe des Frieses kann hierbei gleich der Gesimshöhe oder auch eine etwas geringere sein. Der Architrav wird niedriger gehalten sein müssen. Bei Hintermauerung mit Ziegelsteinen stellt sich das Verhältnis vom Architrav zu Fries zu Kranz etwa so: 3 : 6 : 6 (Fig. 96) oder 4 : 5 : 6 (Fig. 98).

Einen einzonigen Architrav zeigt Fig. 99, zweizonige die Figuren 96 und 98. Hierbei ist wieder darauf zu achten, dass die einzelnen Zonen des Architraves von unten nach oben an Höhe zunehmen.

Hauptgesimse mit Zahnschnittkranz. Soll das Hauptgesims eine grössere Höhe erhalten, ohne dass doch die einzelnen Gliederungen an sich höher werden können, so kann man unter die Hängeplatte, und mit ihr verknüpft, eine zweite etwas weniger hohe Platte einschieben. Dieselbe kann ohne weiteres als Zwischenglied so stehen bleiben (Fig. 89, 92 und 94). Gewöhnlich gibt man aber dieser zweiten Platte eine Verzierung durch einen sogenannten „Zahnschnittkranz". Dieser Zahnschnitt besteht aus einer Reihenfolge von kleinen Kragsteinchen, deren Breite gleich $\frac{2}{3}$ ihrer Höhe und deren Zwischenraum gleich der halben Breite oder auch gleich der halben Höhe der „Zähne" ist. Auf der Ecke sitzt gewöhnlich ein Zahn (vergl. Fig 97 in der Unteransicht). Zwischen diese Zähne können noch kleinere Gliederungen eingeschoben werden (Fig. 90 und 93). Eine andere Art der Darstellung dieses Zahnschnittes ist die, dass er aus der zugehörigen Platte herausgeschnitten erscheint (vergl. Fig 86 und 99), wobei die Platte in ihrem oberen Teil noch sichtbar bleibt.

Hauptgesimse mit liegendem Konsolenkranz. Kräftiger als diese Zahnschnitte wirken grössere Kragsteine, die wiederum auf einer zwischengeschobenen Platte unter der Hängeplatte aufsitzen. Wenn sie weite Ausladung erhalten, kann man hierdurch die Hängeplatte weit hinausstrecken.

Die einfachste Form dieser „Konsolen" ist die kastenartige, wobei nur ein kleines Karniesprofil sich um die einzelnen Kanten herumkröpft (Fig. 86 u. 87).

Architravierte Konsolen nennt man solche, deren Zonen von unten nach oben an Höhe zunehmen müssen (Fig. 88).

Sie werden von der Ecke aus eingeteilt, und ihre Entfernung bemisst man in der Art, dass, wie Fig. 97 zeigt, die Zwischenräume in der Unteransicht Quadrate bilden. Diese Zwischenräume wurden besonders an den reichen Gesimsen der italienischen Renaissance mit quadratischen Feldern, die Rosetten aufnehmen, verziert (Fig. 12 und 13).

Elegant geschwungene Konsolenformen nach römischen Vorbildern zeigen die Fig. 12, 13, 90 und 91, eine mehr vereinfachte moderne Form ist in Fig. 97 angewandt worden.

Alle diese Konsolenformen sollen eine grössere Ausladung des Hauptgesimses herbeiführen. Sie sind deshalb „liegend" ausgebildet.

Kleine Konsolen mit wenig Ausladung und geringen Zwischenräumen arbeitet man an die Hängeplatte an. Grössere müssen als besondere Werkstücke versetzt werden, wobei sie als Binder in das Mauerwerk eingreifen.

Hauptgesimse mit stehenden Konsolen. Will man bei einem Hauptgesims die Höhenentwickelung stark betonen, so unterstützt man dasselbe mit aufrecht stehenden Konsolen. Hierbei können dieselben, die nun durch den Fries hindurchreichen, so eingeteilt werden, dass sich am Fries quadratische Felder bilden (Fig. 98). Sie können aber auch nur vereinzelt auftreten, so dass sie an besonders gekennzeichneten Stellen, z. B. über den senkrechten Rahmenschenkeln der obersten Fenster oder über den Pfeilerachsen einzeln oder paarweise Platz finden.

Schliesslich können auch alle Verzierungsmittel des Hauptgesimses gleichzeitig Verwendung finden, wodurch dasselbe dann seine reichste und vollkommenste Ausbildung erhält. Zu den stehenden Konsolen kommen dann noch liegende hinzu und ein zwischengelegter Zahnschnittkranz dient zur Ergänzung der Mittel, die zum Tragen der Hängeplatte zur Verfügung stehen. Derartige üppige Hauptgesimse können aber selbstredend nur bei entsprechend reichen Fassaden passende Verwendung finden (Fig. 91, 98, 99 und 138).

# 5. Die Fenstergestaltung.

## a) Die Form der Fensteröffnung.

Die gewöhnlichste und brauchbarste Form eines Zimmerfensters ist das aufrechtstehende Rechteck, bei dem sich die Breite zur Höhe annähernd oder genau wie 1 : 2 verhält. Das Fenster hat somit einen geraden Sturz erhalten, der das sogen. Oberlicht im Fenster begrenzt. Das Anbringen von Rollläden, Jalousien u. s. w. ist bei diesem Fenster am leichtesten zu bewirken und die Ausnutzung seiner Lichtfläche die vollkommenste. Die übliche Breite solcher Fenster bewegt sich zwischen 0,90 bis 1,30 m, die übliche Höhe zwischen 1,80 bis 2,40 m. Die zugehörige Fensterbrüstung beträgt 0,77 bis 0,85 m oder 10 bis 11 Backsteinschichten. Unter der Fensteröffnung bis zur Zimmerdecke verbleiben mindestens noch 40 cm Wandhöhe; bei Anbringung eines Rollkastens für einen Rollladen genügt diese Höhe, es muss aber noch gehöriger Zwischenraum zwischen Rollkasten und Zimmerdecke vorhanden und demnach mindestens 50 bis 60 cm Höhe über dem Fenstersturze vorgesehen sein.

Fenster in liegender Rechtecksform kommen im Sockel und im Fries unter dem Hauptgesims vor. Des guten Aussehens halber ist aber darauf zu achten, dass das Verhältnis der Höhe zur Breite annähernd gleich 2 : 3 angenommen wird. Breitere Fenster müssen durch ein Pfeilerchen getrennt werden. Wird aus besonderen Gründen, etwa der Architektur zu Liebe, eine Bogenform für den Sturz des Fensters gewählt, so können im modernen Werksteinbau dreierlei Bogen in Frage kommen, nämlich der Segmentbogen, der Rundbogen und der Korbbogen.

Der Segmentbogen hat im Grunde genommen wenig Berechtigung im Werksteinbau; man soll deshalb mit seiner Anwendung vorsichtig sein. Immer aber muss der Segmentbogen eine sehr starke Stichhöhe bekommen (Fig. 142); ein flacher Segmentbogen ist durchaus nicht am Platze.

Aus der römischen Architektur entstammt der Rundbogen, der auch in der italienischen Renaissance zuerst die Fensterform beeinflusste. Er ist im Werksteinbau konstruktiv durchaus berechtigt, eignet sich aber

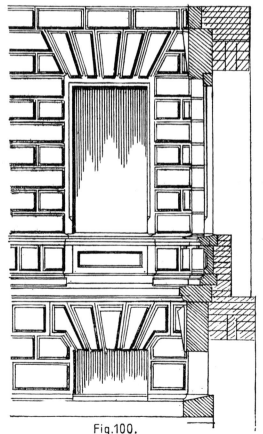

Fig. 100.

besonders für monumentale Architekturen. Im Wohnhausbau ist er immer unprak-
tisch und verteuert der Architektur zu Liebe unnütz das Gebäude. Aussenjalousien
sind fast gar nicht anzubringen, Rollläden im Innern auch nur unvollkommen. Für
die Beleuchtung des Zimmers geht das Oberlicht des Fensters fast vollständig

Fig. 101.  Fig. 102.

verloren, da es durch eine Drappierung verdeckt wird. Ist bei dem Rundbogenfenster der Bogen durch eine sogen. Archivolte verkleidet, so müssen die
Kämpferpunkte etwas unter dem Stichpunkt und nicht etwa in gleicher Höhe
mit demselben angeordnet werden.

Der Korbbogen als Fenstersturz ist in seinen Vor- und Nachteilen dem
Rundbogen gleich zu achten. Hauptsache ist bei jedem Korbbogen, dass er so
geformt ist, dass seine Rahmenenden an den Kämpfern gut aufliegen, d. h. dass
sie zur Ruhe gekommen erscheinen und nicht schieben. Ein solcher arbeitender
Bogen wirkt entschieden hässlich.

Fig. 103.

Fig. 104.

149

Fig.105.

### b) Das Fenster im Quadermauerwerk.

Im gequaderten Erdgeschoss und ebenso im Sockel schliessen sich die Fensteröffnungen an diese Quaderung konstruktiv an. Dies wirkt immer am natürlichsten und am besten. Das Fenster wird also durch Quadern umsäumt und sein Sturz aus solchen gebildet. Nur die Sohlbank, die meist aus e i n e m Stück besteht, ist für sich ohne Zusammenhang mit dem Quadermauerwerk ausgeführt (Fig. 100 bis 105). Die Quaderumsäumung kann dabei eine schlichte,

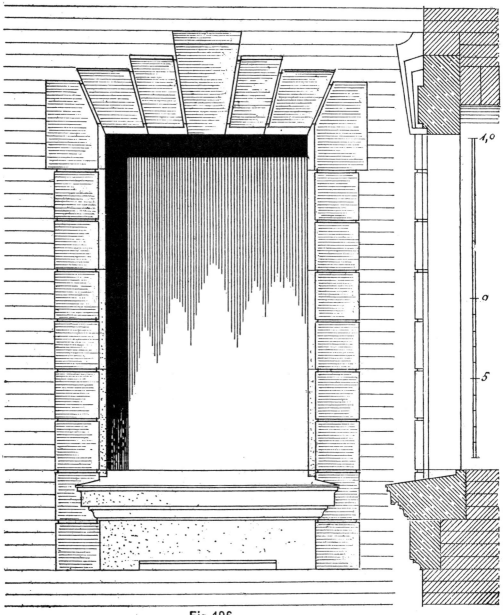

Fig. 106.

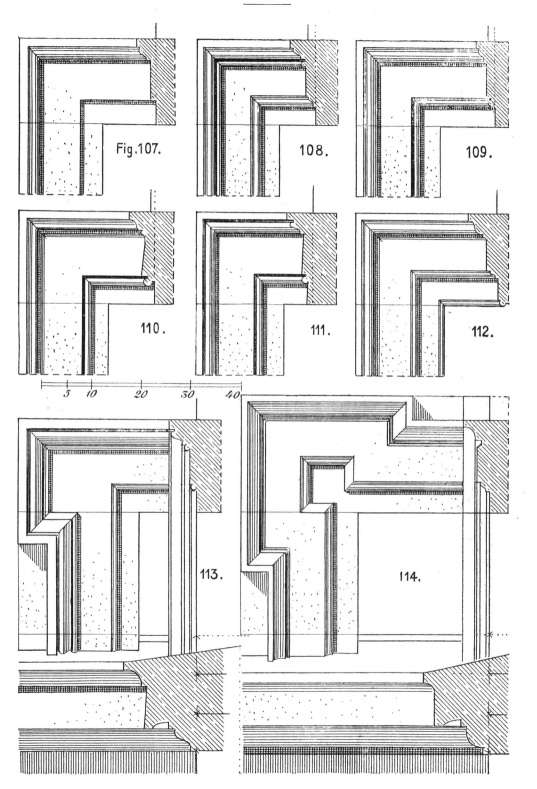

Fig.107.

108.

109.

110.

111.

112.

5   10   20   30   40

113.

114.

wenig auffallende sein (Fig. 100) oder sie kann auch durch besonders geformte Quader hervorgehoben werden (Fig. 103).

Der Fenstersturz muss genau gemäss der Konstruktion ausgebildet werden. Er kann als scheitrechter Bogen (Fig. 100 und 105), als Rund- und Korbbogen erscheinen (Fig. 101 und 105). Die umrahmenden Quader haben die Grösse der übrigen, besonders auch in dem Bogensturz. Es ist sehr darauf zu achten, dass

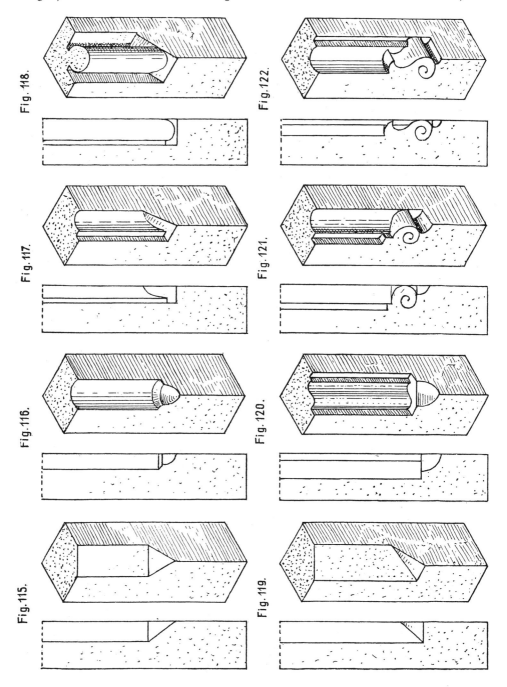

die Bogensteine gut zu dem übrigen Quadermauerwerk passen, vor allen Dingen also nicht zu klein, aber auch nicht zu gross sind. Ein Schlussstein muss immer erkennbar sein. Häufig wird er durch besonders kunstvolle Behandlung des Spiegels hervorgehoben, so dass er konsolenartig heraustritt (Fig. 101). Hierbei ist aber zu bemerken, dass eine derartige Ausbildung stets mit weiser Mässigung gehandhabt werden soll; denn die mächtig aus dem Quaderbogen oder überhaupt aus dem Fenstersturze heraustretenden Schlusssteine, die doch nichts zu tragen haben, sehen schlecht aus. Trotzdem begegnet man ihnen leider recht häufig, sogar an sonst ganz glatten Wandflächen, wo sie dann noch unberechtigter erscheinen.

Die Quaderumrahmung kann unmittelbar an den Futterrahmen des Fensters herantreten, es kann aber auch hinter der Quaderung, also im Anschlage, noch ein Gewände angeordnet werden (Fig. 101 bis 105). Dieses Gewände bleibt meist glatt stehen oder es wird mit einer Abfasung versehen (Fig. 105).

Weiteres siehe unter „f) Verhältnisregeln", Seite 169.

Der Fugenschnitt bei Rundbogensturz geht zunächst immer nach dem Mittelpunkte des Bogens, wobei es nicht nötig ist, dass eine Fuge gerade in die Kämpferlinie fällt. Manchmal verschiebt man des besseren Aussehens halber

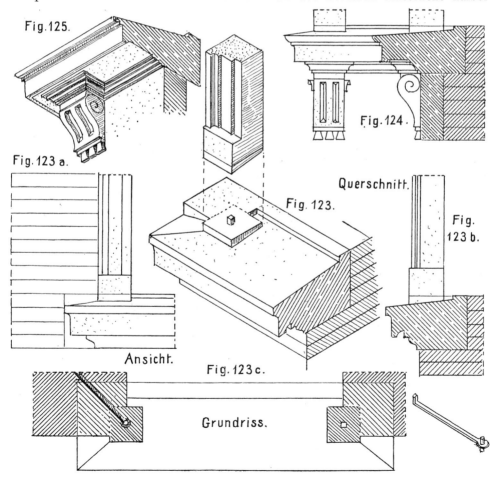

Fig. 125.

Fig. 124.

Fig. 123 a.

Querschnitt.

Fig. 123.

Fig. 123 b.

Ansicht.

Fig. 123 c.

Grundriss.

den Mittelpunkt in der Art, dass man zunächst den Kämpfer etwa um $^1/_5$ des Bogenradius tiefer legt und dann den Mittelpunkt für den Fugenschnitt zwischen Kämpfer und eigentlichem Mittelpunkte beliebig einschiebt.

Bei scheitrechter Abdeckung lässt man die Kämpferfugen am einfachsten unter 60° laufen, während der Schlussstein nach einem neuen Mittelpunkte sich richtet, der etwa auf der Mitte zwischen Kämpferstichpunkt und Scheitel liegt (Fig. 103).

### c) Das Fenstergestell aus Werksteinen.

In glattem Mauerwerk wird das Fenster am einfachsten durch ein Werksteingestell umrahmt, das mindestens aus vier einzelnen Stücken besteht. Es sind dies die beiden seitlichen Gewände, der Sturz und die Sohlbank.

Die Fenstergewände. Die Konstruktion. Die beiden langen Werkstücke, die die seitliche Fensterumrahmung zu bilden haben, werden zunächst mit ihrem unteren Lager in die Gebäudeflucht und mit ihrem Kopf in die Fensterleibung gestellt. Auf der Vorderseite und in der Leibung, ebenso am äusseren seitlichen Vorsprunge und am inneren Anschlage sind sie sauber bearbeitet.

Mit der Fenstersohlbank verbindet man die Gewände zur besseren Standsicherheit durch Dollen oder durch eiserne Dübel, die mit Zement eingekittet werden. Schwefel taugt zum Vergiessen dieser Klammern nicht. Gegen das Rosten streicht man Eisen zweimal mit Mennige oder mit Asphaltlack, oder man sichert dasselbe durch Verzinkung oder durch Verkupferung. Die in das Mauerwerk einbindenden Flächen der Werksteingewände streicht man mit Asphalttheer oder mit Goudronteer. Da, wo das senkrechte Gewände den horizontalen Sturz aufzunehmen hat, wird es wieder mit Dollen versehen und ausserdem mit der Hintermauerung mittels verzinkter eiserner Anker oder solcher aus Bronze, die mit Krähenfüssen versehen sind, fest verbunden (Fig. 123).

Man glaubt auch wohl eine bessere Verbindung des Gewändes unter sich herbeizuführen, indem man wirkliche Bindersteine, die äusserlich sichtbar gemacht werden, dazwischen legt (Fig. 134). In Wirklichkeit bessert man die Konstruktion des Gewändes hierdurch aber nicht, so dass es sich sogar empfiehlt, diese Binder mit dem Uebrigen aus einem Stück zu arbeiten. In diesem Falle erhält das Gewände ursprünglich die Breite des Bindersteines. Wo es nicht sichtbar sein soll, wird es um die Verblendsteinstärke plus Vorsprung vor der Wand abgearbeitet. Durch die Anwendung vieler solcher Bindersteine macht der Rahmen den Eindruck einer Quader-Verzahnung, was bei Verblendung der Wandflächen mit farbigen Backsteinen sehr unruhig wirkt und nur für geputzte Wandflächen angeordnet werden sollte.

Die Stärke des Gewändes richtet sich zunächst nach der Stärke, in der der Stein gebrochen werden kann. Für kleinere und mittelgrosse Fenster genügt eine Breite der Umrahmung von 165 mm bei 35 mm Ausladung vor der Wand; für grössere Zimmerfenster erhält das Gewände 180 mm Breite und bis 50 mm Ausladung. Man macht es auch gleich $^1/_5$ bis $^1/_7$ der lichten Fensterbreite. Der Querschnitt der Gewände ist annähernd quadratisch (Fig. 115 bis 123).

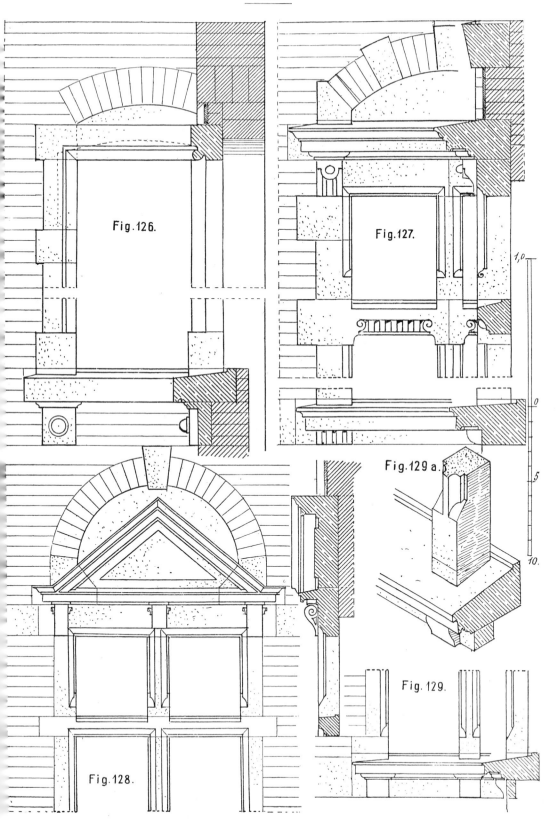

Fig. 126.

Fig. 127.

Fig. 129 a.

Fig. 129.

Fig. 128.

Die Profilierung des Gewändes. Die mittelalterliche Baukunst hatte den Fensterrahmen stets in der Weise behandelt, dass er mit Kehlen und Rundstäben profiliert wurde, die, vor der Fassade zurückspringend, eigentlich die Fensterleibung verzierten. So sahen wir die Rahmenausbildung auch noch an den Rustica-Palästen der Frührenaissance (Fig. 6 bis 8). Die Hochrenaissance gab dem Fenstergewände eine andere Ausbildung, die der Antike entlehnt war und die als sogen. architravierte Gliederung bis auf den heutigen Tag die übliche geblieben ist (Fig. 107 bis 144).

Diese Umrahmung kann ebensowohl ganz vor die Fassade vorspringen, wobei die Ausladung etwa bis zu 5 cm beträgt (Fig. 107 und 113), als auch teilweise oder ganz zurückliegen (Fig. 108 bis 110). Die einzelnen Streifen oder Zonen (fascien-Fasche) des architravierten Rahmens sind so zu bemessen, dass sie von innen nach aussen an Breite zunehmen. Sie können durch kleine Verbindungsglieder, wie Rundstab, Kehlchen, Karnies, miteinander verknüpft erscheinen. Auf der Sohlbank laufen sie sich entweder tot (Fig. 113 und 114) oder sie werden „überstochen" (Fig. 137 und 143).

Eine andere, ebenfalls gut wirkende Art der Profilierung, die an die mittelalterliche Baukunst erinnert, besteht in der „Abfasung" des Gewändes (Fig. 115 bis 122). Sie kann ganz einfach sein, aber auch aus mehreren Profilen bestehen. Für die unteren Endigungen geben die Fig. 105, 116 bis 122, 138 und 141 Beispiele. Besonders bei massivem Kreuzrahmen (Fig. 140 und 141) kommt die Abfasung als am besten passend zur Anwendung.

Reichere Fensterausbildungen werden sowohl in der Höhe als auch in der Breite durch allerhand Zuthaten zu dem Gewände erzielt. Die einfachste Verbreiterung bildet der sogen. Konsolenstreifen, der etwa gleich der halben Gewändebreite angenommen wird. Die Fig. 130 bis 132 geben hierfür Beispiele aus der italienischen Renaissance. Seine reichste Gestaltung, die allerdings nur

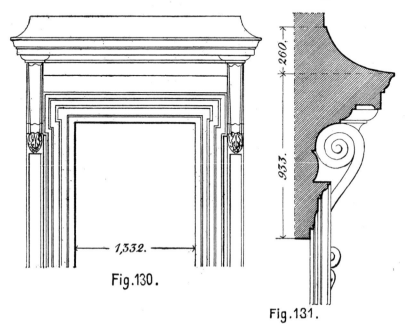

Fig. 130.

Fig. 131.

für monumentale Architekturen sich eignet, gewinnt das Gewände, wenn es Wandpilaster oder gar Dreiviertelsäulen (Halbsäulen gibt es nicht) als architek-

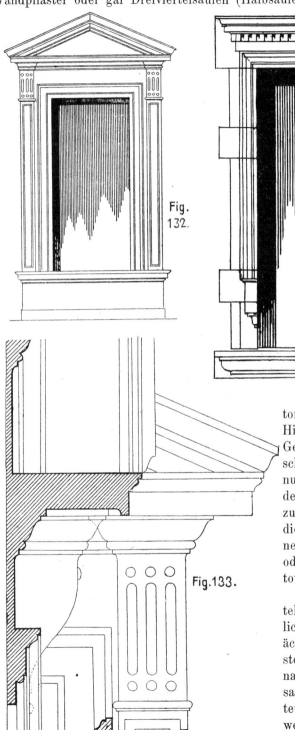

Fig. 132.

Fig.134.

Fig.133.

tonischen Schmuck hinzunimmt. Hierbei schrumpft das eigentliche Gewände gewöhnlich bis auf einen schmalen Streifen zusammen, der nur den Zweck hat, die ausladenden Profile der Umrahmung aufzunehmen. Es ist ein Fehler, wenn dieselben sich gegen den hölzernen Blindrahmen des Fensters oder wohl gar gegen das Glas totlaufen (Fig. 135 und 139).

In unserer modernen Architektur, die auch für das bürgerliche Wohnhaus sich wieder dem ächten Baumaterial des Werksteins zugewandt hat, macht sich naturgemäss eine gewisse Sparsamkeit bemerklich, die den teuren Werkstein auf das Notwendigste zu beschränken pflegt. Die Umrahmungen der Fenster besonders fallen hierbei sehr schmal aus, wenn auch die Fenster sonst nach oben eine reichere architektonische Durchbildung erfahren. Solche Fenster wirken dann „überschlank" im Aufbau; man kann aber dieser üblen Erscheinung dadurch

Fig. 135.                     Fig. 136.

begegnen, dass man entweder mit dem Oberlicht Kämpfer oder mit der Verdachung einen drei Backsteinschichten hohen Streifen aus Werkstein durchlaufen
lässt, der als horizontales Band etwa 1 cm vorspringt. Besonders bei Verblendung der Wandflächen mit Backsteinen, wo der Werkstein sich scharf abhebt,
ist dies notwendig (Fig. 138).

Der Fenstersturz. Bei der einfachsten Fenstergestaltung wird der horizontale Fenstersturz gleich der Gewändebreite hergestellt. Er darf aber nicht
belastet werden; deshalb nimmt die Last des aufliegenden Mauerwerks ein Entlastungsbogen auf (Fig. 126 bis 128). Ist dem Sturz eine Verdachung beigegeben,

Fig. 137.

Füllung
für
plastisches
oder
gemaltes
Ornament

Fig. 138.

d. h. ein horizontales Bekrönungsgesims (Fig. 134 und 140), so kann der Entlastungsbogen fortfallen, wenn man diese Verdachung tiefer als den Sturz in das Mauerwerk einbinden lässt und sie ausserdem hohl verlegt, so dass sie nun mit ihren Enden aufliegt, oder wenn man, wie in Fig. 134 gezeigt ist, Sturz und Verdachung aus einem Stück arbeitet.

Ist ausser der einfachen Verdachung auch noch ein Fries hinzugegeben, so arbeitet man am besten Fries und Fenstersturz aus einem Stück (Fig. 138), das nun bedeutend widerstandsfähiger ist. Das Verdachungsgesims, aus Untergliedern, Platte und Sima bestehend, wird ebenfalls für sich aus einem Stück hergestellt. An den Fenstersturz werden auch zur Verbreiterung sogen. „Ohren" angesetzt, ein Motiv, das die Renaissance aus der griechischen Architektur übernommen hat. Den Fugenschnitt hierfür erläutern die Fig. 113, 114 und 137. Bei letzterem Beispiel gehören die Ohren zum Gewände.

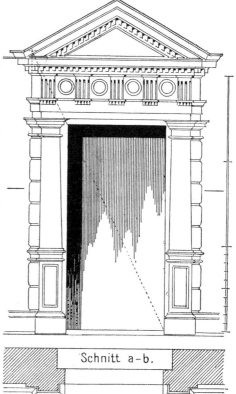

Z i e r v e r d a c h u n g e n. Den mit gerader Verdachung und Fries versehenen Fenstersturz kann man noch mehr hervorheben, wenn man die Verdachung auf Konsolen herausstreckt. Hierdurch gereicht sie in der That dem Fenster zum Schutze, besonders wenn sie nach oben eine Ausbildung erhält, wie sie der italienischen Renaissance entnommen und in Fig. 130 und 131 vorgeführt ist.

Am besten wirkt aber eine Verdachung, die als Dreiecks- oder als Bogengiebel ausgebildet ist, wenn sie auch einen eigentlichen Schutz dem Fenster nicht gewährt. Sie hat nur den Nachteil, der wohl ins Auge zu fassen ist, dass sie das Regenwasser zu beiden

Schnitt a-b.

Fig. 139.

Seiten abführt, das sich mit dem auflagernden Staub und Russ vermischt und zur Seite des Fensters in dunklen Schmutzstreifen herunterläuft. Derartige Verdachungen unterstützt man gern durch Konsolen, die entweder an den Fries angearbeitet sind oder auch für sich versetzt werden können. Im übrigen muss die Verdachung so tief in das Mauerwerk einbinden, dass sie sich selbst trägt. Sie wird, wenn sie nicht zu gross ist, aus einem Block gearbeitet, oder aus mehreren Stücken zusammengesetzt (Fig. 128 und 137).

Fig. 132 und 133 geben ein Beispiel aus der italienischen Renaissance, während die Fig. 137 bis 139 und 143 moderne Ausbildungen darstellen. In der italienischen Renaissance machte man, streng nach römischem Vorbilde, das Giebeldreieck verhältnismässig flach und liess die Schenkel unmittelbar an den Verdachungsenden aufsitzen. Die moderne Gestaltung liebt steilere Dreiecke,

Fig. 140.

Fig.141

Fig. 142.

Fig. 143.

sogar bis über 45⁰ der Giebelneigung und zieht die Dreiecksschenkel an den Enden etwas ein, etwa so viel, als die Ausladung des Verdachungsgesimses beträgt (Fig. 137 bis 139 und 143).

Das dreieckige oder bogenförmige Giebelfeld kann ausserdem noch zur Aufnahme von ornamentalen Füllungen, z. B. einer Muschel u. dergl. dienen; zu beachten ist hierbei nur, dass in sehr vielen Fällen die Wirkung derartiger Füllungen durch die daruntersitzende weit ausladende Hängeplatte stark beeinflusst resp. verdeckt wird. Besonders wird dies der Fall sein, wenn die betreffenden Verdachungen sehr hoch an der Fassade sitzen.

Die Fenstersohlbank nebst Brüstung. Besondere Sorgfalt ist auf das Verlegen der Sohlbank, die das Fenstergewände trägt, zu verwenden. Sie liegt nur mit ihren beiden Enden fest auf und wird dazwischen hohl gelassen, damit sie bei einem erfolgenden Setzen des Gebäudes nicht in Mitleidenschaft gezogen wird und zerbricht.

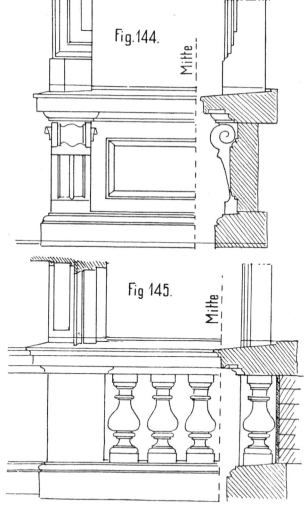

Fig. 144.

Mitte

Fig 145.

Mitte

Sie ruht im übrigen ohne weitere Befestigung nur mit ihrer Eigenlast auf dem Mauerwerk. Zur Abführung des Regenwassers erhält sie eine sanft geneigte Oberfläche und unter ihrer Platte eine Unterschneidung als Wassernase. Hinter den Fensteranschlag reicht sie mindestens noch 10 cm in das Brüstungsmauerwerk hinein. Ihre abgeschrägte Oberfläche lässt man etwa 4 cm hinter dem Anschlage endigen. Hier erhält die Bank einen kleinen, etwa 4 bis 6 cm breiten Ansatz, der das Eindringen von Regenwasser unter dem Blindrahmen hindurch verhindern soll. Geht die Sohlbank durch das ganze Brüstungsmauerwerk hindurch, so muss sie an ihrer Rückseite zwei bis drei Dübellöcher erhalten, die mit Holz ausgefüttert werden und zur Befestigung eines vorgesehenen Brüstungsgetäfels dienen.

Der Ansatz für das Fenstergewände wird auf die Oberfläche der Sohlbank an den betreffenden Stellen und in der Stärke des Gewändes so hoch aufgearbeitet, dass er mit dem hinteren Ansatz in einer Ebene liegt (Fig. 123).

Hierauf wird das Gewände gestellt, und, damit es sich nicht verschieben kann, so wird es mit 2 bis 2½ cm starken Holzdübeln, die zur Hälfte in die Bank und zur anderen Hälfte in das Gewände eingreifen, festgehalten.

Die Höhe der Sohlbank in ihrer äusseren profilierten Erscheinung kann verschieden sein. Entweder ist sie gleich der Gewändebreite, also gleich 15 bis 18 cm, oder sie ist höher, etwa 21 cm, oder auch niedriger, etwa 14 cm. Das Werkstück der Sohlbank selbst ist meist drei Schichten hoch = 23 cm; nur bei besonders starken Verhältnissen wird sie gleich vier Schichtenhöhen, also gleich 30,8 cm genommen. Ihr Gesims kann man aber bei ein und derselben Werkstückhöhe dennoch sehr verschieden hoch gestalten, je nachdem man die obere Wasserschräge steiler oder sanfter hält. Auch durch die Profilierung lässt sich Kraft oder Zierlichkeit an der Sohlbank ausdrücken, je nachdem man sie als einfache Platte oder als fein gegliedertes Gesims ausbildet (Fig. 113 und 114).

Fig. 147.

Der untere Abschluss des Fensters ist verschieden auszubilden. Er kann aus einer Sohlbank bestehen, die für sich allein das Gewände aufnimmt (Fig. 106, 134 und 141) oder er tritt in Verbindung mit einem durchlaufenden Brüstungsgesimse (Fig. 138 u. 143). Kräftiger wirkt die Sohlbank, wenn sie durch Konsolen unterstützt ist (Fig. 124 und 125). Die vollkommenste Ausbildung erreicht die Brüstung, wenn sie als Fensterstuhl mit Postamenten und Füllungen gestaltet wird (Fig. 135 und 137). In der italienischen Renaissance setzte man eine derartige Brüstung mit Vorliebe mit Docken aus (Fig. 9).

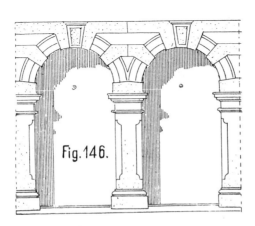

Fig. 146.

### d) Zusammengezogene Fenster.

Gekuppelte Fenster. Aus rein praktischen Gründen, öfter aber aus Rücksichten auf eine bessere und lebhaftere architektonische Wirkung, werden an der Fassade hie und da zwei Fenster nebeneinander so zusammengezogen oder gekuppelt, dass sie zwischen sich als Trennung nur noch einen schmalen

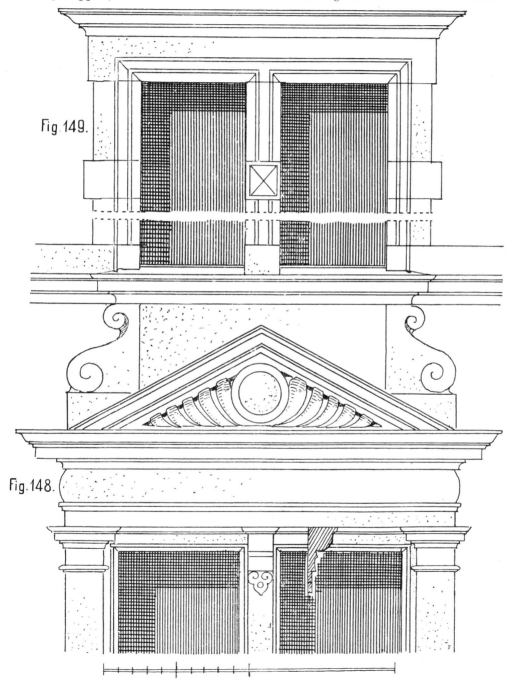

Fig. 149.

Fig. 148.

Pfeiler, alles übrige aber, wie Sohlbank und Verdachung, gemeinsam haben (Fig. 127, 128, 146 bis 149).

Wird der schmale Mittelpfeiler ebenso wie die Gewände architraviert, so muss er annähernd die Breite zweier Gewände oder wenigstens die 1½ fache Breite eines derselben erhalten.

Sehr häufig bildet man ihn aber selbständig aus, z. B. als nach unten verjüngten Pfeiler, als sogen. „Herme" (Fig. 147). Dieselbe wird am besten auf einen Pfeiler von gleicher Breite aufgearbeitet. Niedrige Fenster, z. B. in einem Friese, stellt man gern als gekuppelt dar, wodurch mehr Lichtfläche gewonnen wird. Der Teilungspfeiler kann dann eine Form erhalten, wie sie in Fig. 151 dargestellt ist.

Schliesslich kann man die Trennungspfeiler so schmal machen, dass sie nur die Abfasung des Gewändes mit zugegebenem geringen Zwischenraum aufnehmen, also etwa 12 cm Breite erhalten. Solche dünnen Gewände versteift man dann durch massive Querrahmen beim Kämpfer (Fig. 127, 128, 140 und 141). Dieser Querrahmen geht als besonderes Werkstück durch die Aussengewände des Fensters hindurch und bindet meist noch in die Wand daneben ein. Er erhält an seiner Oberfläche eine Wasserschräge mit angearbeitetem Ansatz für den Oberlichtschenkel und schliesst sich an seiner unteren Seite an das Abfasungs-Profil des Fensters an (Fig. 128). Anderenfalls kann er auch ein besonderes Profil für sich erhalten (Fig. 127). Die Verdachung streckt sich über die gekuppelten Fenster mit oder ohne Entlastungsbogen und mit oder ohne Konsolen als gemeinsame aus; über dem Trennungspfeiler kann man sie nochmals durch eine Konsole unterstützen (Fig. 128).

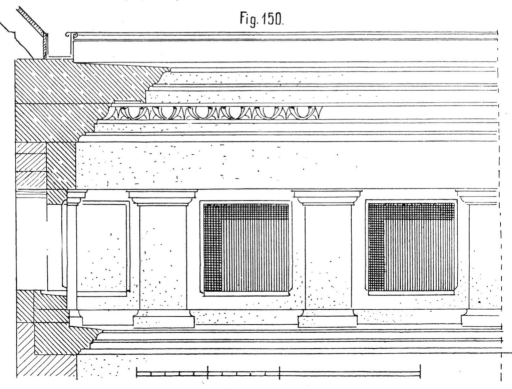

Fig. 150.

Ueber gekuppelte Fenster eine gemeinsame Giebelverdachung zu setzen, empfiehlt sich meist nicht; sie wird zu hoch und gewinnt eine unschöne Form. Dies ist besonders zu beachten. Im übrigen gibt Fig. 148 ein Beispiel dafür.

Aufeinander gestellte Fenster. Die Fenster zweier aufeinander folgender Stockwerke zieht man manchmal in der Weise zusammen, dass sie aufeinander gestellt erscheinen. Man thut dies, um eine stärkere Betonung der Höhenentwickelung in der Architektur der Fassade herbeizuführen. Hierbei ist aber zu beachten, dass gleichzeitig auch für die nötige Horizontalverbindung mit Hülfe von durchlaufenden Brüstungsgesimsen, durch Bänder zwischen den Verdachungen u. s. w. gesorgt werden muss (Fig. 143).

Die Verdachung des unteren Fensters trägt in diesem Falle die obere Brüstung oder schneidet auch zum Teil in dieselbe hinein.

Man kann auch ein Zusammenziehen der übereinander liegenden Fenster in der Architektur nur andeuten, ohne dass die Fensterumrahmungen unmittelbar aufeinanderstossen. In Fig. 138 ist dies z. B. durch die heruntergreifenden Konsolen bewirkt worden, die zwischen dem Verblendmauerwerk einen Zusammenhang der Werkstein-Architektur herbeiführen.

Durch mehr als 2 Stockwerke sollte man aber für gewöhnlich die Fensterarchitekturen nicht zusammenziehen; denn es liegt die hervorstechende Höhenbetonung nicht im Sinne der Renaissance, wohl aber der Gotik. Die Renaissance-Architektur betont im allgemeinen mehr die Horizontalentwickelung durch Trennungsgesimse, Bänder und schliesslich durch das horizontal abschliessende Hauptgesims.

### e) Untergeordnete Zimmerfenster.

Kleine Fenster von mannigfacher Form finden sich an der Fassade einmal im sogenannten Mezzanin oder Zwischenstock zwischen Erdgeschoss und 1. Stock, dann aber hauptsächlich im obersten Stock. Ihre Umrahmung wird stets sehr einfach gehalten, besteht zumeist nur aus einer Fase. Sie haben keine ausgebildete Brüstung und sitzen unmittelbar entweder unter dem Gurtgesims des Unterbaues oder unter dem Hauptgesims.

Man lässt diese Fenster nun gern zu den betreffenden Gesimsen in eine gewisse Beziehung treten, als ob sie gleichsam dazu gehörten. Der Fassadenstreifen, in dem sie angeordnet sind, wird demnach friesartig behandelt. Sind die Fenster sehr klein, so können sie als Quadrate, liegende Rechtecke oder als kreisrunde Oeffnungen in der That in einem Fries untergebracht werden. Meist sind sie aber grösser, etwa 60 bis 150 cm hoch, so dass der Fries im Verhältnis zum zugehörigen Gesims sehr hoch erscheint. Trotzdem kann man durch zwischengestellte Pfeiler, durch Hermen und zugegebenen Konsolen eine Einteilung dieses hohen Frieses und eine Verbindung mit dem Hauptgesimse in reizvoller Form herbeiführen (vergl. Fig. 138, 150 und 151.)

### f) Verhältnisregeln.

Es gibt gewisse Regeln, nach denen in der Renaissance einzelne architektonische Aufbauten in ihren Dimensionen sich bestimmen lassen. Es muss aber hier gleich bemerkt werden, dass es sich stets nur um Aufgaben von mehr monumentaler Art handelt. Wo wir bei dem bürgerlichen Wohnhause, sei es freistehend oder eingebaut, wohl auf Echtheit des Materiales aber auch auf sparsame Verwendung der Mittel zu sehen haben, finden derartige Regeln keine Anwendung. Hier muss allein die Erfahrung und der gute Geschmack ausschlaggebend wirken. Anders ist dies bei reichen Architekturen.

Schon das mit Quadern umrahmte Rundbogenfenster erfordert einige Aufmerksamkeit, wenn die Bogenquader sich schön an die Wandquaderung anschliessen sollen. Sie können hierbei für sich abgeschlossen behandelt werden als umrahmender Bogen. Derselbe sieht aber immer besser aus, wenn er nach Art des Florentiner Bogens nach oben zu etwas überhöht wird (vergl. Fig. 6 und Fig. 152). Die Stärke des Bogens am Kämpfer wird etwa gleich der Hälfte des Bogenradius sein.

Sollen die Bogensteine mit den horizontallaufenden Wandschichten in Verbindung treten, so geschieht dies so, dass die äusserste Umgrenzungslinie der Quaderecken ebenfalls einen Spitzbogen beschreibt, dessen Stichpunkt gewöhnlich an dem gegenüberliegenden Kämpferpunkte sich befindet. Die Breite des Anfangsquaders ist etwa gleich einem Drittel der lichten Fensterweite (Fig. 153).

Die Ausbildung reicherer Stockwerksfenster gestaltet man im Sinne der italienischen Renaissance nach folgender Regel. Die Fensteröffnung betrachtet man als das Umrahmte, den architektonischen Aufbau selber als den Rahmen. Mag er nun einfach oder reich sein, so soll hierbei die Regel zur Anwendung kommen, dass der Rahmen mit dem Umrahmten im Aehnlichkeitsverhältnis

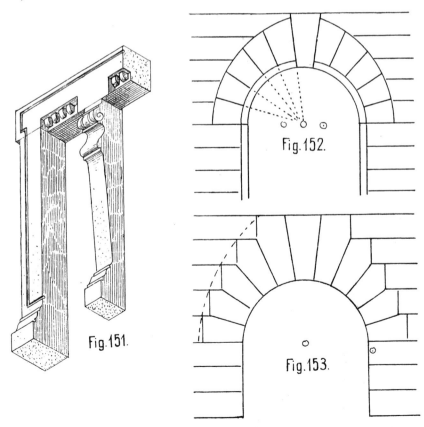

Fig. 152.

Fig. 151.

Fig. 153.

steht. Dasselbe Verhältnis wenden wir z. B. bei der Umrahmung von Kupfer-
stichen (das weisse Papier zum Druck) an, ebenso bei Druckseiten in normalen
Büchern u. s. w. Man bestimmt dieses Aehnlichkeitsverhältnis sehr einfach durch
zwei Diagonalen, die durch die Ecken des Umrahmten gezogen werden. Verlängert man dieselben, so muss die gesamte Umrahmung zugleich seitlich
und oberhalb durch eine solche Diagonale begrenzt sein. Selbstredend bezieht
sich diese Grenze nur auf die Masse des Rahmens, nicht auf seine Profilausladungen
(vergl. Fig. 135 und 139).

Der Anfänger, der derartige Fenster- oder Thürumrahmungen entwirft, wird
immer sicher gehen, wenn er sich an diese Verhältnisregel hält. Selbstredend
kann ein architektonischer Aufbau auch noch gut wirken, wenn er auch nicht
genau in diese Schablone passt.

Fig. 100 nach Spetzler „Formen des Hausteinbaues", Fig. 115 bis 119, 121, 122 nach
Krauth u. Meyer „Das Steinmetzbuch", Fig. 127, 128 nach Hittenkofer „Der Fassadenbau".

# 6. Die Loggia (Hauslaube).

Weit grössere Oeffnungen im Mauerwerk, als sie die Fenster bilden, werden
bei Anordnungen von Loggien erforderlich. Sie finden in der neuesten Zeit mit
Vorliebe bei den eingebauten städtischen Wohn- und Mietshäusern Anwendung,
wo sie die an sich ganz lobenswerte Bestimmung haben, ein Zimmer der Woh-
nung mit der Aussenwelt in unmittelbare Verbindung zu setzen. Die eigentliche
Fensterwand, also die äussere Abschlusswand des Zimmers, wird hierbei um
1 bis 2 m hinter die Fassadenflucht zurückgelegt. Hierdurch wird das betreffende
Zimmer selbstredend an Licht verlieren und zwar um so mehr, je weniger hoch
die Oeffnung der Loggia angeordnet und je mehr diese Oeffnung etwa durch
Pfeiler oder Säulen verbaut ist. Deshalb empfiehlt es sich, diese Oeffnungen
möglichst nahe bis unter den Fussboden des nächsten Stockes reichen zu lassen,
weil hierdurch das Licht möglichst weit tief in das dahinter liegende Zimmer
einfallen kann. Die brauchbarste, wenn auch nicht die schönste Lösung ist im
Grunde die, dass die Balkenlage des nächsten Stockes durch eiserne Träger abgefangen wird.

Für die architektonische Lösung würde allerdings eine Bogenstellung in
offener Arkade und dergl. günstiger sein (Fig. 154); für das praktische Bedürfnis
ist sie aber oft nicht zu empfehlen. Moderne Loggien-Ausbildungen sind in
den Fig. 154 und 155 dargestellt.

Kommen statt eines Bogens eiserne Träger zur Verwendung, so führt man
das senkrechte Seitengewände zum weit gespannten horizontalen Sturze am
besten durch eingeschobene Kragsteine über (vergl. Fig. 155).

Eine geringere Tiefe braucht man der Loggia zu geben, wenn man die Fuss-
bodenplatte herausstreckt, d. h. zugleich mit der Loggia eine Balkonanlage verbindet. Dieselbe schliesst am besten in geschwungener Grundrissform an den
Stockwerksfussboden an.

# 7. Die Hausthür- und Hausthor-Umrahmung.

Die geringste lichte Weite der Hausthüröffnungen beträgt 1 m; sie wird für
einflügelige Thüren bis zu 1,20 m Breite vermehrt.

Fig. 154.  Fig. 155.

Zweiflügelige Hausthüren, wie sie ganz besonders am städtischen Mietshause üblich sind, werden 1,30 bis 1,50 m im Lichten breit angelegt. Thore zum Durchfahren werden 2,10 bis 2,50 m breit. Je breiter die Thüröffnung ist, um so breiter müsste schon nach den Regeln, die wir auf Seite 170 u. 171 aufgestellt haben, auch die Umrahmung ausfallen. Diese Umrahmung kann aber, je nach der Architektur des Gebäudes, verschieden behandelt werden. Man kann ebensowohl Hausthüren und Thore ohne besonders hervorgehobene Umrahmung schaffen, als auch selbständig umrahmte architektonische Aufbauten mit mehr oder weniger reichen Zuthaten für diesen Zweck ausbilden.

### a) Thüren ohne besonderen Rahmen.

Die Hausthüröffnung durchschneidet gewöhnlich den Gebäudesockel und das Mauerwerk des Erdgeschosses. Wenn dieses leicht oder schwer gequadert erscheint, so kann die eingeschnittene Thüröffnung ohne weiteres mit der Quaderung in Verbindung treten und zwar in der Art, wie dieses bereits bei den Fensteröffnungen Fig. 100 bis 105 gezeigt worden ist. Sie kann also einen geraden oder einen bogenförmigen Sturz erhalten, während an den beiden Seiten die Quaderung einfach mit richtigem Verbande verläuft. Die Fensterbrüstung fällt natürlich fort. Das Sockelgesims und alle sonstigen vorspringenden Gesimse werden von der Oeffnung glatt durchschnitten.

Liegt eine solche Thür mit den Fenstern in einer Flucht, also nicht in einem Mauervorsprunge, so muss sie, um gut zu wirken, mit den Fenstern gleiche Sturzhöhe erhalten. Sie wird also im Lichten etwa 2 m (= der Fensterhöhe) plus 85 cm (= der Brüstungshöhe), mithin etwa 2,85 m im Lichten hoch werden. Da sie nun 1 bis 1,20 m lichte Breite hat, so wird ein solches Verhältnis überschlank und ziemlich hässlich erscheinen. Man hebt diese schlechte Wirkung dadurch wieder auf, dass man die Thüröffnung in zwei Teile zerlegt,

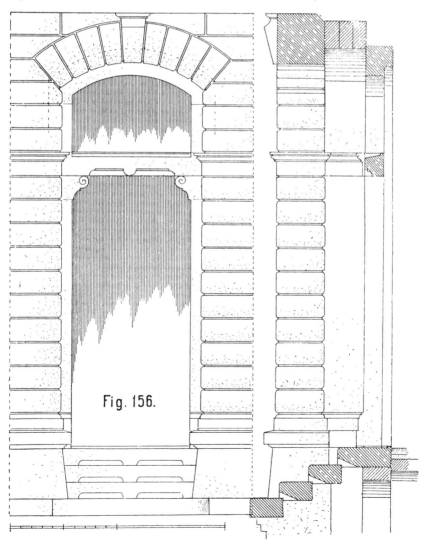

Fig. 156.

in den unteren für die Durchgangsthür von etwa 2,30 bis 2,50 m Höhe und in ein sogen. Oberlicht, das den Rest des Lichtmasses als Höhe erhält (Fig. 156). Die Teilung wird durch einen steinernen Kämpfer, der drei bis vier Backsteinschichten hoch ist, bewirkt. Derselbe kann verschiedenartig profiliert werden. Besser wirkt eine solche einfache Thür im Quadermauerwerk, wenn rings um die lichte Oeffnung und in einer Tiefe von 25 bis 38 cm hinter der Front ein 10 bis 15 cm breiter glatter Mauerstreifen als Umsäumung herumläuft, auf dem nun sämtliche durchschnittene Gesimse sich totlaufen können. Unter dem Kämpfer kann hierbei ein kragsteinähnlicher Uebergang ausgebildet werden (Fig. 156). Fehlt ein solcher Umsäumungsstreifen, so können sich die durchschnittenen Gesimse auch auf einem breiter vorgelegten Thürfutterrahmen totlaufen. Bedingung ist nur, dass dieser Futterrahmen das Lichtmass der Thür nicht beeinträchtigt.

Der Kämpfer unter dem Oberlicht. Der massive sowohl als auch der hölzerne Kämpfer muss stets so angeordnet werden, dass die übrig bleibende Oberlichtöffnung noch ein gutes Verhältnis aufweist, d. h. dass sie nicht zu hoch und besonders nicht zu gedrückt erscheint. Bei geradem oder segmentbogigem Thürsturz muss also darauf gesehen werden, dass sich die Breite des Oberlichtes zur Höhe annähernd wie 3 : 2 verhält. Hat das Oberlicht einen rundbogigen Sturz, so muss der Kämpfer so gelegt werden, dass der Stichpunkt für den Bogen noch in die Glasfläche des Oberlichtfensters fällt. Der Bogen muss also in der Architektur etwas überhöht dargestellt werden, weil er sonst gedrückt erscheinen wird.

### b) Thüren mit architektonischer Umrahmung

werden genau nach denselben Grundsätzen wie die Fenster behandelt. Da wir es aber hier mit breiteren Oeffnungen zu thun haben, so wird der Rahmen etwa bis zu 21 cm Breite verstärkt. Soll er noch breiter und kräftiger erscheinen, so werden ihm sogen. Konsolenstreifen hinzugegeben. Die Konsolen tragen dann eine Verdachung, die gerade oder giebelförmig dargestellt werden kann. Derartige Thürumrahmungen bildete die italienische Renaissance nach antiken Vorbildern aus. In den Fig. 157 bis 160 sind solche Hausthürarchitekturen dargestellt. Die moderne Architektur ist zu einer anderen Ausbildung der Thürumrahmung gekommen. Wir bauen im freistehenden Familienhause sowohl, als auch im eingebauten städtischen Wohnhause den Keller sehr häufig zu Wohn- oder wenigstens zu Wirtschaftsräumen aus. Hierbei darf er, laut polizeilicher Verordnung, nur 50 bis 75 cm tief in die Erde hineingebaut werden und wird also über 2 m frei heraustreten. Das Haus bekommt nun einen sehr hohen Sockel und der Erdgeschossfussboden liegt 10 bis 15 Stufen über dem Aussengeländer oder über dem Bürgersteige. Diese Stufen pflegen wir bis auf eine oder doch nur sehr wenige nicht vor das Gebäude, sondern in dasselbe zu verlegen. Wenn wir nun die Hausthüröffnung einschneiden, so würde dieselbe, wenn sie mit den Fenstern gleiche Sturzhöhe erhalten sollte, ungeheuer schlank und hoch werden, so dass eine architektonische Lösung gar nicht mehr möglich sein dürfte (2,0 + 0,85 + 2,0 = 4,85). Man sieht also jetzt von der Uebereinstimmung von Fenster- und Thürhöhen ab und behandelt diese Hausthür ganz für sich. Sie erhält also zunächst ihre übliche lichte Höhe von 2,50 m, der noch innerhalb der Umrahmung

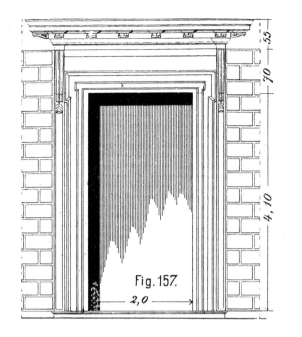

Fig. 157.

2,0

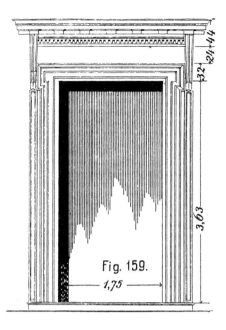

Fig. 159.

1,75

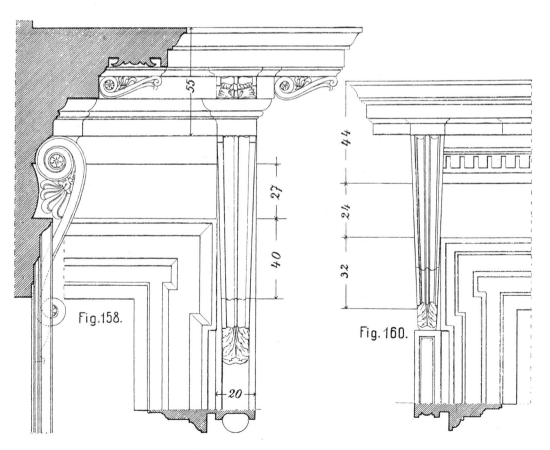

Fig. 158.

20

Fig. 160.

Fig. 161.

ein Oberlicht in bekannter Weise hinzugefügt werden kann. Nun erscheint sie aber in ihrer äusseren Wirkung oft zu niedrig und ausserdem liegt im Innern der Hausflur über ihrem Sturz noch zuviel undurchbrochenes Mauerwerk.

Fig. 163.

Dieses benutzt man zur Anordnung eines zweiten Oberlichtes, dass aber mit der äusseren Hausthür-Umrahmung in eine geschickt gelöste Verbindung treten muss. Es erhält eine beliebige Form, die rund, oval, rechteckig u. s. w. sein kann. Seine Umrahmung bildet einen Thüraufsatz, der als Abschluss oder als Bekrönung der gesamten Thürarchitektur auftritt. Solche Lösungen sind in den Fig. 161, 163 bis 165 vorgeführt. Fig. 161 entstammt einem vom Architekten Roetger entworfenen Berliner Haus (nach „Der innnere Ausbau“ von Cremer und Wolfenstein). Fig. 163 ist in Köln an einem von den Architekten Müller und de Voss erbauten Wohnhause ausgeführt. Fig. 162 gibt eine Hausthür einer Villa in Gratz vom Architekten Loeff, deren architektonische Rahmenausbildung an Vor-

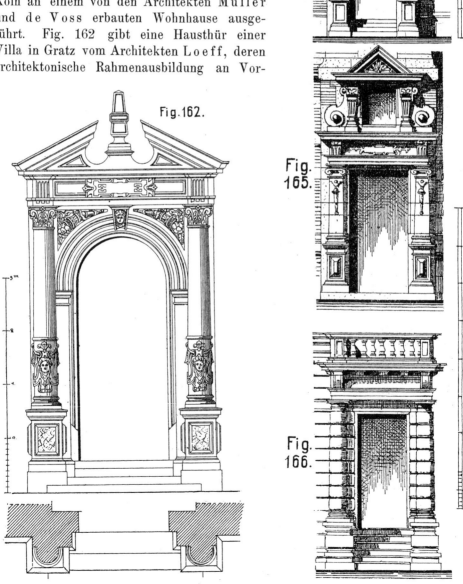

Fig. 162.

Fig. 164.

Fig. 165.

Fig. 166.

bilder von deutschen Architekturen der Renaissancezeit erinnert. Fig. 164 und 165 folgen derselben Stilrichtung, wobei Fig. 164 mit ihrer Umrahmung aus Dreiviertelsäulen und mit dem durchbrochenen Giebel mehr an italienische Spätrenaissance sich anschliesst. Fig. 166 ist ganz im Sinne der italienischen Renaissance für moderne Verhältnisse ausgebildet. Durch die in die Thüröffnung gelegte Treppe konnte das zweite Oberlicht fortfallen. Immerhin stellen die Fig. 162 bis 166 Hausthürarchitekturen dar, die schon ein bedeutendes Formenverständnis voraussetzen und zu den reichsten Lösungen gehören, die in der bürgerlichen Baukunst aufgewendet werden.

Bei neueren Thür- und Thorumrahmungen finden wir statt der Pfeiler oder Säulen ein einfaches stehendes Gewände, das mit einigen Bindersteinen festgehalten scheint und rundbogig abgedeckt ist. Seine Profilierung erinnert an mittelalterliche Ueberlieferung, wie sie in der Frührenaissance noch einfach aufzutreten pflegte. Die Profile sind dabei vor der Front zurückgelegt, gleichsam in eine Fase gearbeitet und mit Eierstäben, Zahnschnitten und dergl. wirkungsvoll verziert (Fig. 161).

Hat die Thür einen streng architektonischen Rahmen aus Pfeilern oder Dreiviertel-Säulen, so gehört dazu ein als Bekrönung vollkommenes Gebälk aus Architrav, Fries und Kranzgesims.

Das Verhältnis der Breite der Umrahmung zur Höhe bestimmt man am sichersten wieder, wie bei reichen derartigen Fensterumrahmungen, durch das Aehnlichkeitsgesetz mit Hülfe von Diagonalen (Fig. 163). Vergl. das auf S. 170 und 171 Gesagte.

# 8. Giebel und architektonische Aufbauten.

Als die italienische Renaissance über die Alpen nach Deutschland einwanderte, da fand sie eine Art des Wohnhausbaues vor, die weder lange Fronten noch grosse Fenster und hallenartige Treppenhäuser aufzuweisen pflegte. Die Grundstücke in den durch Mauern und Verteidigungswerke eingeengten Städten waren sehr beschränkte und man hatte sich daran gewöhnt, bei notwendigen Vergrösserungen der Baulichkeiten Höfe und Gärten mit Hinterbauten zu besetzen, wobei die Front des Hauses in ihrer ursprünglichen schmalen Breite unberührt bleiben musste. Natürlich standen die Häuser mit der Giebelfront an der Strasse und zeigten das hohe Giebelfeld des altdeutschen Daches, das mächtig in die Höhe geführt und mit oft zahlreichen Dachböden übereinander zu Geschäftszwecken ausgenutzt wurde. Für diese eigenartige und doch allgemein übliche Gestaltung der Hausfront hatte die italienische Renaissance aber keine Lösung vorgesehen, denn in Italien standen die Paläste der Patrizier mit langen Fronten an der Strasse, wurden durch ein horizontales Hauptgesims wirksam abgeschlossen und liessen die Dachfläche, die ohnehin sehr flach geneigt war, unsichtbar für den Anblick oder versteckten sie hinter einer vorgelegten Attika.

In der vorausgegangenen gotischen Zeit hatte man in Deutschland auch massive Giebelfassaden in Werkstein und Backstein, letztere besonders im Norden, als sogenannte Staffelgiebel ausgebildet (vergl. Abschnitt I und II). Da, wo der Backsteinbau mit seiner durch das Material bedingten Formenbildung sich selbst-

Fig. 167 c.

Fig. 167 d.

Fig. 167 a.

Fig. 167 b.

Fig. 167.

ständig weiter entwickelte, war man sogar bei dieser Giebelbildung zu phantastischer Ausgestaltung mit freistehenden Fialen, die an den Giebelschenkeln begleitend emporwuchsen, vorgeschritten. Aber diese Formengebung schmiegte sich zunächst nur schwer an die neue „antikische Stilweise" an.

Am leichtesten liess sich noch der einfache gotische Staffelgiebel in die fremde Formensprache übersetzen, wenn man seine abgestuften Uebergänge durch volutenartige Schnörkel, die auch in Italien bei dem Kirchengiebel der späteren Zeit die Vermittelung gebildet hatten, zu vermitteln trachtete. Diese eigenartig geschwungenen Uebergänge gaben dann dem phantastischen Steinmetzen Gelegenheit, sich in den wunderlichsten Gestaltungen zu ergehen. Er bog und rollte den Werkstein zur vielgestaltigen Schnecke, die wieder durch andere geschwungene Werksteine durchbohrt wurde, oder ersetzte die Spirallinie durch sich drehende tierische und menschliche Gestalten.

So entstand an diesen Hausgiebeln eine phantastisch wunderliche Werkstein-Architektur, die an und für sich jeglicher Struktur einer Steinarbeit eigentlich Hohn spricht. Aber die Mode der neueren Zeit hat auch diese Giebelausbildung begünstigt. Strenger nehmen es in neuerer Zeit diejenigen Architekten, die dem Giebel seine natürliche Dreiecksbildung liessen und danach trachteten, durch architektonische Zuthaten in Renaissanceformen dieselbe zu beleben resp. zu verkleiden.

Reichere Ausbildungen in dieser Art erfordern selbstverständlich eine bedeutende künstlerische Gestaltungskraft und Formenbeherrschung, weshalb wir im Rahmen dieser Abhandlung uns mit einfacheren Giebellösungen begnügen müssen.

Bei dem schmalen Giebelhause der altdeutschen Städte fand sich also für das Hauptgesims, für diese ganz besondere Schöpfung der italienischen Renaissance, zunächst kein Platz, wenn man es nicht geradezu unter dem Giebelansatz anbringen wollte. Bei der gotischen Giebelentwickelung wäre es naturgemäss niemandem eingefallen, den Giebel durch ein bedeutendes Horizontalgesims von dem Aufbau abzuschneiden. In der deutschen Renaissance-Architektur geschah dies aber.

Fig. 168.

Am Pellerhause, Fig. 14, ist diese Trennung noch nicht so auffällig; deutlicher markiert sie sich schon am Friedrichsbau des Heidelberger Schlosses, sehr deutlich am Bremer Rathause u. s. w. Hierdurch ist die eigentliche Idee des Giebelhauses aufgehoben und ein solcher abgeschnittener und wieder aufgesetzter Giebel ist nichts als ein dekorativer Dachaufsatz.

Auf die moderne Fassadengestaltung hat sich diese eigentlich unrichtige Lösung leider ebenfalls übertragen. Auch hier sehen wir die Giebel recht häufig durch ein mächtiges, auf Konsolen ausladendes, Hauptgesims von der unteren Fassade abgeschnitten und als einen Bauteil für sich, oft sogar ohne jede Beziehung zu seinem Unterbau, weiter entwickelt. Eine solche Lösung dürfen wir durchaus nicht gut heissen. Ein wirklicher Giebel, mag er nun die ganze Front des Hauses darstellen oder nur einen Teil derselben abschliessen, ist kein selbstständiger Gebäudeteil für sich. Er gehört zu seinem Unterbau und entwickelt sich aus demselben heraus. Das Hauptgesims der übrigen Gebäudefront läuft nicht über ihn hinweg, sondern es läuft sich entweder an seinem Vorsprunge vor der Flucht tot, oder, wenn das nicht geht, wird es an den Giebelecken abgefangen (Fig. 167, 169, 173 und 174).

Die einfachste Form des Giebels bildet der Staffelgiebel, wie er in Fig. 167 nach einem Entwurfe des Architekten H. Griesebach dargestellt ist. Hier ist das Hauptgesims der übrigen Front auf schlichte Art durch Verkröpfung und Ueberschneidung abgefangen. Stärker ausladende Hauptgesimse lässt man an dieser Stelle auf Doppelkonsolen laufen.

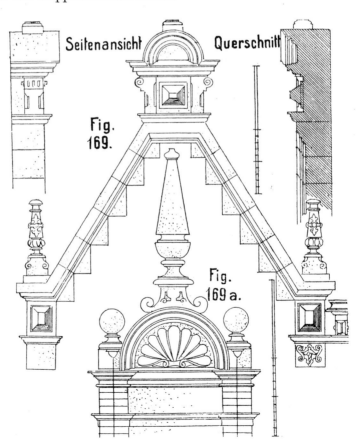

Seitenansicht  Querschnitt

Fig. 169.

Fig. 169 a.

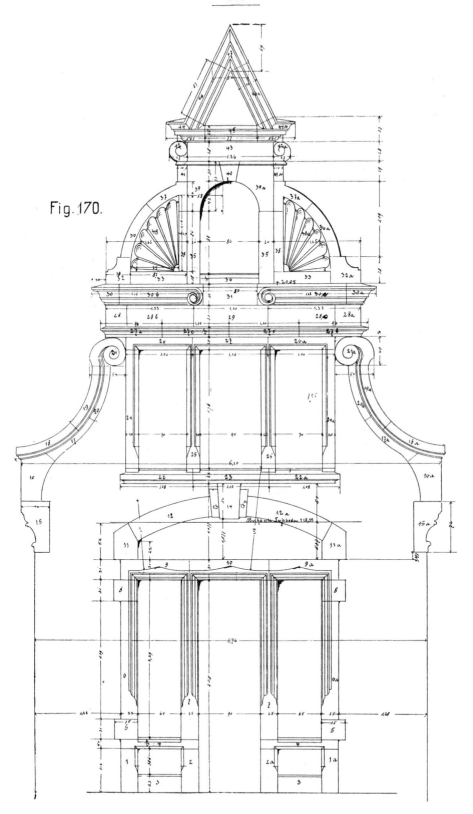

Fig. 170.

Architektonisch reicher wirkt ein solcher Staffelgiebel, wenn seine Abtreppungen mit dekorativen Uebergängen versehen werden (Taf. 8 vom Architekten K a r s t in Cassel und Fig. 179).

Die in Fig. 171 vorgeführte Giebelform trägt schon den Uebergang zu einer neueren modernen Lösung an sich, bei der die seitlichen Dreiecksschenkel des Giebels als Deckgesims ausgebildet werden, das allein den Giebel seitlich begrenzt, gewissermassen also eine direkte Uebertragung der Holzkonstruktion des Daches in die Werkstein-Architektur darstellt (vergl. auch Fig. 173).

Da, wo die beiden ansteigenden Giebelschenkel zusammentreffen, werden sie durch einen Aufsatz bekrönt und gleichsam zur Befestigung belastet (Fig. 169, 171, 173 und 181).

In der Gotik hatte man bereits diese Dreiecksbildung bei den Wimpergen u. s. w. gehabt; man hatte aber die lange und kahle Dreiecksseite durch aufgesetzte Krabben unterbrochen und belebt. Auch dieser Schmuck ist auf den modernen Giebel übergegangen, wie die Fig. 171 (von Architekt H e h l) und Fig. 173 (von G e r l t und T i v e n d e l l in Cassel) darstellen. Schliesslich hat man zu der Verkleidung der Dachlinien gegriffen, in derselben Art, wie dies die Meister der Renaissancezeit im 16. Jahrhundert bereits geliebt hatten.

Es ist aber hierbei wohl zu beachten, dass eine gewisse Zügelung der Phantasie hier obwalten muss und die Struktur des Werksteines nicht der Dekoration zu Liebe in lauter Schnörkeln zu Grunde gehen darf. Die Fig. 172, 174 bis 181 geben hierfür moderne Beispiele, die wenigstens ein gewisses Mass einhalten und die barocke Gestaltung nicht, wie man dies vielfach sehen kann, ins Ungeheuerliche übertreiben. Fig. 168 stellt einen kleinen Dachaufsatz dar, der das nur schwach ausladende Hauptgesims überschneidet.

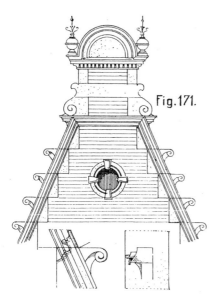

Fig. 171.

Eine besondere Beachtung ist der Formengebung an Giebeln und Dachaufsätzen in der Weise zu widmen, dass man ihre Höhenlage wohl in Rücksicht zieht und, besonders bei den freien Endigungen, bei Kugeln und Pyramiden, ihr Mass an Ort und Stelle feststellt. Sonst werden sie, wie das so oft geschieht, zu winzig ausfallen.

Zu den „A u f b a u t e n" rechnet man auch die Dachfenster öder Lukarnen. Dachfenster aus Werkstein kommen nur bei den sogen. Mansartdächern vor, die nach ihrem Erfinder, dem Architekten F r a n ç o i s  M a n s a r t (1598 bis 1666) ihren Namen tragen. Diese Fenster bilden über dem Hauptgesims noch die Fortsetzung der Fassadenarchitektur; sie stehen senkrecht in der Flucht der Gebäudefront und ihre Gewände werden in Werksteinformen, ähnlich wie Stockwerksfenster, ausgebildet. Bei dem bürgerlichen Wohnhausbau ist aber diese Architektur nur Schein; denn sie wird aus Zink hergestellt, das dem hölzernen Dachfenstergerüst als Verkleidung dient. Immerhin sollte man sich dabei bemühen, der Zink-

Architektur wenigstens den Schein der Werksteinformen zu geben. Dass dieses häufig nicht geschieht, beweisen die zahllosen Gebilde der diesbezüglichen Fabrikkataloge. —

Der einfache Fensterrahmen, auch mit mehr oder weniger reicher Bekrönung, erscheint, weil er vor der hinterliegenden schrägen Dachfläche frei vorsteht, zu schwach. Man sucht ihn deshalb zu verbreitern und zu versteifen und nimmt hierzu mit Vorliebe Architekturformen, die sich mit mehr oder weniger Glück an das barocke Schnörkelwerk anlehnen.

Eine architektonische Verbreiterung des Rahmens durch Konsolenstreifen oder durch flache Pfeiler ist aber vorzuziehen (Fig. 172a u. b). Im übrigen ist

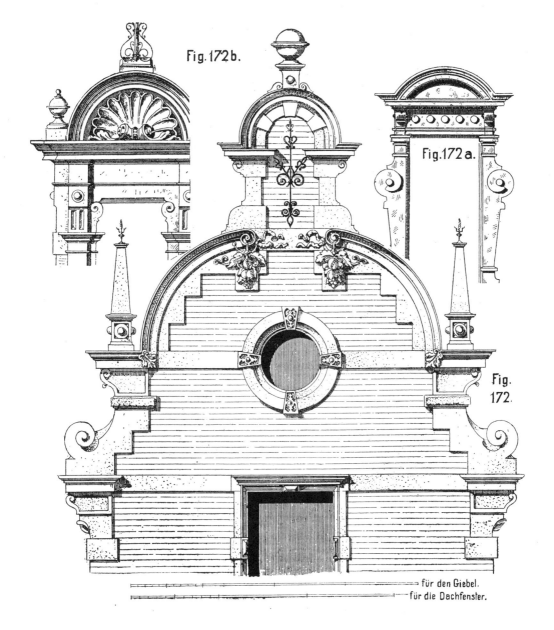

Fig. 172b.

Fig. 172a.

Fig. 172.

für den Giebel.
für die Dachfenster.

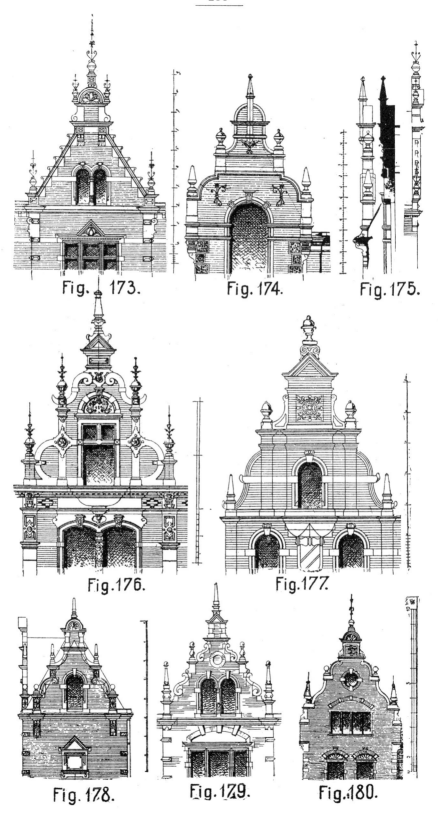

Fig. 173.

Fig. 174.

Fig. 175.

Fig. 176.

Fig. 177.

Fig. 178.

Fig. 179.

Fig. 180.

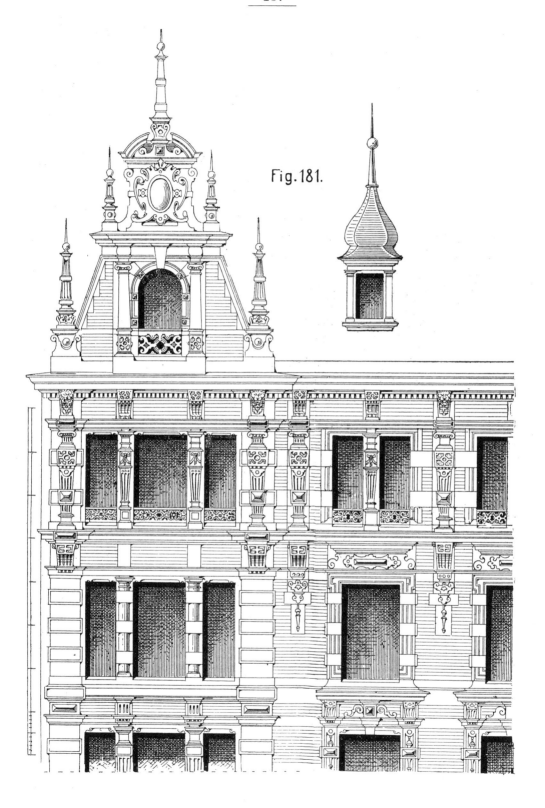

Fig. 181.

bei Anwendung von Werkstein bei diesen der Witterung stark ausgesetzten Aufbauten gute Verklammerung der Werksteine unter sich notwendig.

Die meisten derartigen Lukarnen-Ausbildungen tragen, wie das ihrem Ursprunge nach erklärlich ist, die der französischen Renaissance eigenen Kennzeichen an sich (vergl. Fig. 182 nach M. Meyer „Architektonische Vorlegeblätter").

## 9. Vorbauten.

Fig. 182.

Erker. Erker sind Ausbauten vor der Flucht der Gebäudefront, die als herausgeschobene Fensterarchitekturen betrachtet werden können. Dieselben müssen selbstverständlich unterstützt werden. Da aber häufig eine versteckte Eisenkonstruktion die eigentliche Stütze bildet, so glaubt mancher, einer kostspieligen architektonischen Durchbildung derselben entbehren zu können. Der Erker sowohl als auch der Balkon ragen dann mit einer einfachen vorgestreckten Platte aus der Front heraus. Eine solche Lösung ist ganz verwerflich.

Der Erker verdankt seine Entstehung der bürgerlichen Baukunst des späteren Mittelalters. Von dieser ist er auf die Renaissance und zwar zunächst in Holzarchitektur übergegangen. Derartige Fachwerke waren leicht durch hölzerne Kopfbänder und Knaggen abzufangen. Schwieriger wird dies in Werkstein. Werksteinkonsolen müssen eigentlich durch die ganze Mauerstärke hindurchreichen und sollen sich selber freitragen. Damit man aber im Innern leichter putzen kann, werden sie häufig ½ Stein stark hintermauert. Auch ist zu bedenken, dass die Haken der Vorhangstangen dahinter angebracht werden müssen, weshalb man Löcher für Holzdübel auszusparen hat.

Alle Werksteinteile der Verfassungswände eines Erkers müssen gut durch Dübel und Klammern verbunden sein. Geht ein Erker durch mehrere Stocke hindurch, so bildet eine steinerne Platte die Decke des unteren und den Fussboden des oberen Stockes. Schliesst er mit einem Dach ab, so erhält er hier eine Holzdecke. Die einfachste Grundrissform des Erkers ist die eines Rechtecks von etwa 2 m Breite und 1 m Tiefe. Sie kommt aber auch mit geringerer Ausladung polygonal oder rund oder in Dreiecksform zur Verwendung. Schwach in Segmentbogenform vorliegende Erker entstammen der Barockarchitektur; sie erfüllen aber ebenfalls den Zweck, die Strasse nach zwei Seiten hin beobachten zu können (vergl. Taf. 8).

Die Architektur des Erkers muss genau im Einklang mit den übrigen Fenster-architekturen des Hauses stehen, wenn es auch nicht ausgeschlossen ist, dass auf diesen mehr in die Augen springenden Bauteil auch mehr Schmuck verwendet wird. Die Konsolen unter dem Erker können gar verschiedenartig ausgebildet sein;

Fig. 183.

Fig. 184.

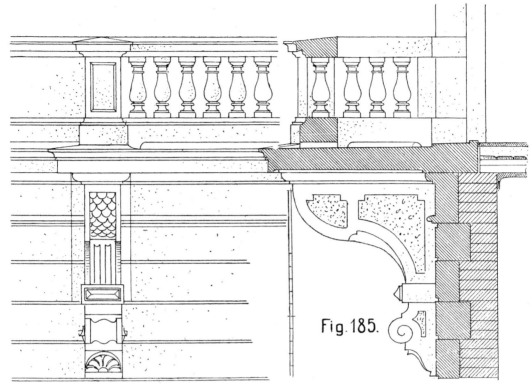

Fig. 185.

sowohl zwei einzelne Kragsteine, als auch ein einziger, der dementsprechend wuchtig ausgebildet sein muss und einen geschickten Uebergang zum Front-mauerwerk bildet, sind hier am Platze. Ebenso können die Konsolen durch Pfeiler oder Säulen unterstützt werden (Fig. 191 und 192), und schliesslich ist es beim freistehenden oder wenigstens von dem Bürgersteig zurückliegenden Gebäude ebenso möglich als üblich, den Erker bis zum Gebäudesockel herabzu-führen, so dass er erst durch sein unsichtbares Grundmauerwerk abgefangen wird.

(Fig. 191 und 192 nach Architekt Prof. Hehl.)

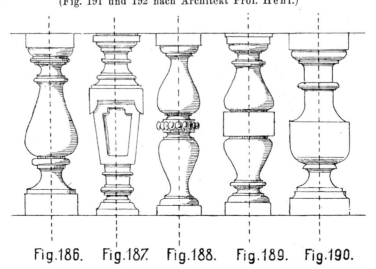

Fig. 186.  Fig. 187.  Fig. 188.  Fig. 189.  Fig. 190.

Die Balkone. Weniger günstig als der geschlossene Erker ist der offene Balkon. Er vermittelt zwar eine Verbindung des geschlossenen Zimmers mit der frischen Luft, gewährt auch Raum zum Sitzen im Freien, aber alles dieses doch nur bei günstiger Witterung und vornehmlich während der kurzen Sommerzeit. Da er ungedeckt ist, so muss bei der Wahl des zu verwendenden Werksteinmaterials sehr auf wetter- und besonders auch frostbeständige Gesteinsart gesehen werden. Ebenso ist besondere Rücksicht darauf zu nehmen, dass

**Fig. 191.**

**Fig. 192.**

das aufschlagende Regenwasser nicht in das Zimmer getrieben werden kann. Zu diesem Zwecke gibt man der Balkonplatte zunächst eine geringe Abwässerung (1 : 30) und arbeitet ausserdem bei der Thür einen Ansatz daran (Fig. 185). In vielen Fällen wässert man den Balkonboden nach einer kleinen ringsherum laufenden Zinkrinne ab, die mit Bleiröhrchen zum nächsten Abfallrohre übergeführt wird.

Die Balkonplatte kann, wenn sie aus festem Steinmaterial gewählt wird, ziemlich dünn sein. Ihre Stärke beträgt dann 12 bis 15 cm. Zur grösseren Sicherheit wird man diese Platte mit dem Aussenmauerwerk des Gebäudes verankern. Besteht dann ein solcher massiver Balkon aus zwei freistehenden Postamenten und zwischengelegter Brüstung, so wird man diese drei Teile unter sich und dann die beiden Seitenwände mit der Aussenmauer verklammern.

Die Brüstung des Balkons kann mit Docken ausgesetzt sein oder aus Platten bestehen, die mehr oder weniger durchbrochen sind; diese Platten greifen mit Nuten in die Deckplatte oder das Deckgesims ein (Fig. 183 und 184). Die Docken oder Traillen werden nur in seltenen Fällen aus Werkstein hergestellt. Meist verwendet man hier gebrannte Stücke, Terrakotten oder solche aus gefärbtem Zement.

Docken, aus Werkstein gearbeitet, würden sehr teuer werden und sind deshalb in der bürgerlichen Baukunst wenig im Gebrauch. Die Docken sind als gedrückte Säulchen zu betrachten. Damit erklärt sich auch ihre Form. Fuss und Deckplatte sind quadratisch, weil sie zu rechteckigen Decksteinen überführen sollen. Der Schaft ist fast immer rund, deshalb wird er mit all seinen Profilierungen am bequemsten gedreht. Dies geschieht entweder aus einem Thonmaterial oder aus weichem Kalkstein, z. B. Savonières, so dass die quadratischen Füsse und Deckplatten für sich dazu gegeben werden. Sollen Docken aus Werkstein bestehen, so werden sie am einfachsten vierkantig gearbeitet (Fig. 187 und 190). Befestigt werden diese Säulchen durch Dollen.

Für die Dicke der Docken im Verhältnis zu ihrer Höhe hat man verschiedene Regeln aufgestellt. Das schlankste Verhältnis ist 1 : 4 (Fig. 188). Hierbei gliedert sich die Docke am besten von der Mitte aus gleichmässig nach oben und unten. Das stärkste Verhältnis ist 1 : 3. Die Entfernung der Docken voneinander ist in den Figuren 186 bis 190 angedeutet. Man berechnet dieselbe so, dass die einzelnen Docken nicht mehr als ihre mittlere Stärke beträgt voneinander abstehen. In Fig. 186 bis 190 ist 2/5 h als Abstand angenommen, ein Verhältnis, das ziemlich überall passt. Sehr weit gestellte Docken erwecken stets die Meinung der übertriebenen Sparsamkeit. In modernen Handbüchern finden sich Angaben über die Dockenverhältnisse, wonach ihre Höhe 60 bis 75 cm und ihre grösste Dicke 20 cm betragen soll. Hierbei ist nur das Verhältnis der Stärken zur Höhe von Bedeutung. Im allgemeinen wird die Höhe eine geringere sein. Platteneinlage als Brüstung für Balkone zeigen die Fig. 183 und 184. Eine solche Brüstung kann ganz durchbrochen sein (Fig. 183) oder auch nur vertiefte Bildhauerarbeit aufweisen (Fig. 184).

**Taf. 1.**

Giebelspitze.
Weitere Teilzeichnungen
siehe Tafel 2, 3 u. 4.

Schnitt nach A-B

c

d

B

A

e

f

100 cm. 50 0. 1 2 M.

Teilzeichnungen zu Tafel 1.        Weitere Teilzeichnungen siehe Tafel 3 u. 4.

100 cm.    50 cm.    0        1 m        2 m

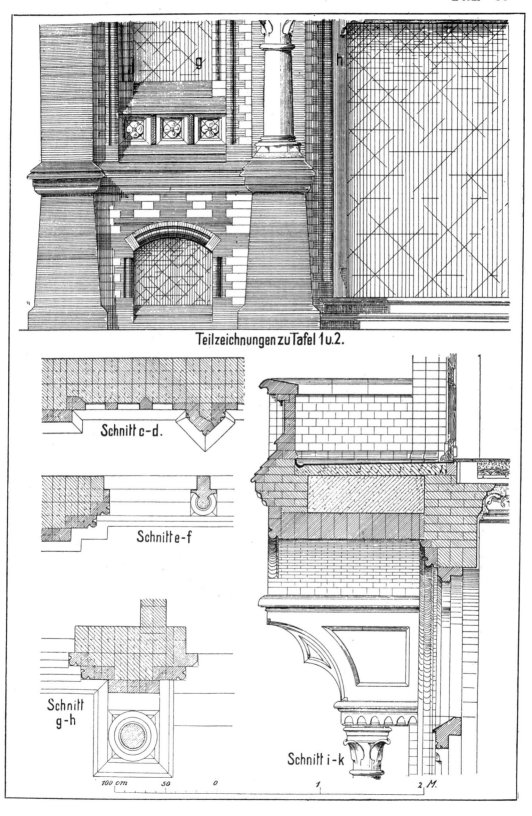

**Taf. 3.**

Teilzeichnungen zu Tafel 1 u. 2.

Schnitt c-d.

Schnitt e-f

Schnitt g-h

Schnitt i-k

100 cm    50    0    1    2 M.

Teilzeichnungen
zu Tafel 1.

Teilzeichnungen
siehe Tafel 6.

100　50　0　　1　　2　　3　　4　　5

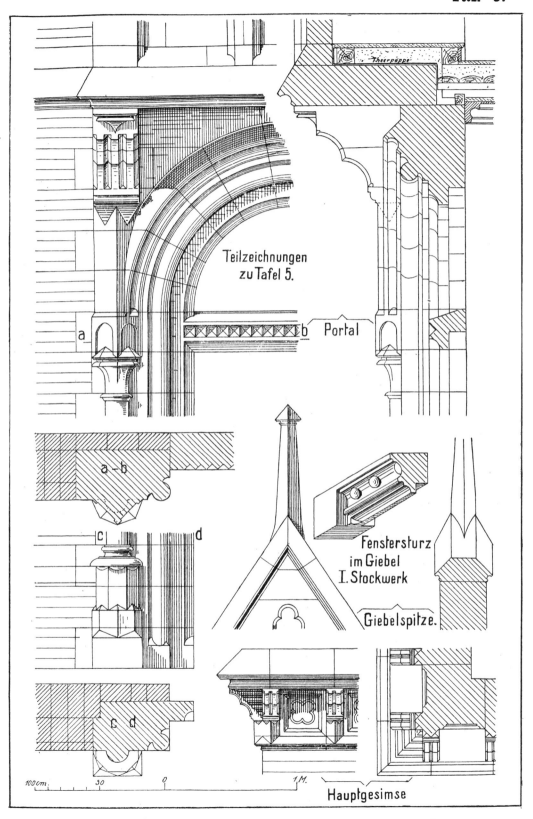

Teilzeichnungen
zu Tafel 5.

a       b    Portal

a–b

c       d

c d

Fenstersturz
im Giebel
I. Stockwerk

Giebelspitze.

100 cm    50      0        1 M.

Hauptgesimse

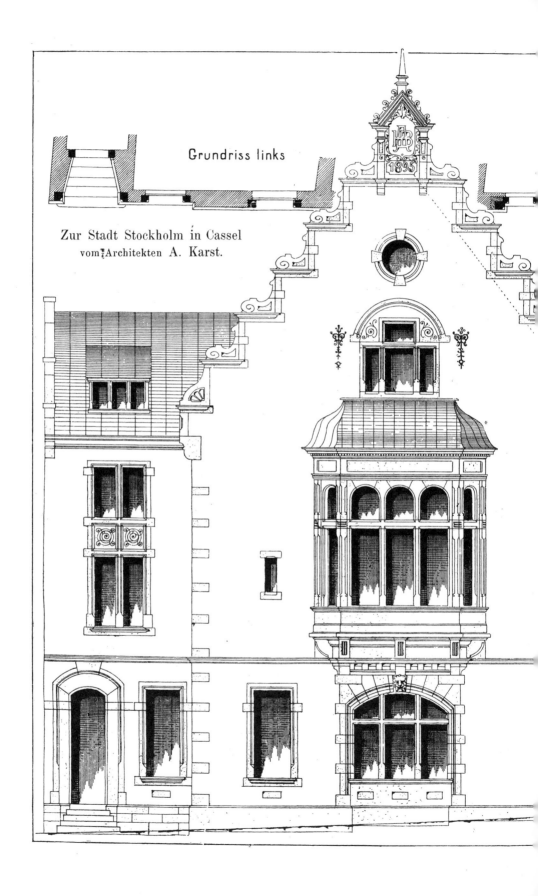

Grundriss links

Zur Stadt Stockholm in Cassel
vom Architekten A. Karst.

1895

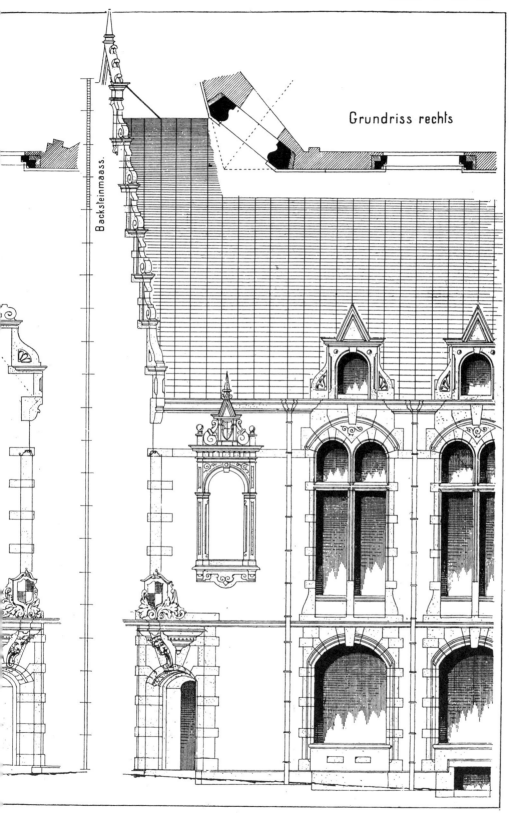

Grundriss rechts

Backsteinmaass.